● REC

HD 4K 25FPS

00:00:00

00:15:27

00:30:42

00:54:16

01:07:09

01:20:17

短视频
创作实录与
教程

李宇宁 编著

SHORT VIDEO

Filming with Phone

清华大学出版社

北 京

内 容 简 介

本书以院校影视编导课为蓝本，系统地讲解使用手机拍摄短视频的常用器材和拍摄方法，让读者了解短视频，学习短视频剧本写作，掌握短视频创作技巧和制作经验，熟悉短视频后期剪辑技巧。

全书分为8篇共22讲内容，包括初步了解短视频拍摄、短视频剧本写作、故事结构与拍摄练习、制片筹备与机位设计、构图与场景、开机前的准备与剧本细节、视频后期技巧与实践，以及改进学习方法等，涵盖剧本写作、镜头组接、机位设计、分镜表制作、拉片等实用技巧，并以多部短视频为例，解析短视频创作全流程。

本书内容丰富，讲解深入浅出，附赠大量教学视频，并提供教师授课用教学大纲和PPT课件，可作为各院校相关专业的教材，也适合手机摄影摄像爱好者、旅游爱好者、短视频行业的从业人员阅读。

图书在版编目(CIP)数据

短视频创作实录与教程 / 李宇宁编著. —北京：清华大学出版社，2021.6（2022.7重印）

ISBN 978-7-302-57610-5

Ⅰ.①短…　Ⅱ.①李…　Ⅲ.①网络营销－教材　Ⅳ.①F713.365.2

中国版本图书馆CIP数据核字(2021)第033675号

责任编辑：李　磊
封面设计：史宪罡
版式设计：思创景点
责任校对：成凤进
责任印制：宋　林

出版发行：清华大学出版社
　　　　　网　　　址：http://www.tup.com.cn，http://www.wqbook.com
　　　　　地　　　址：北京清华大学学研大厦A座　　　　　邮　　编：100084
　　　　　社 总 机：010-83470000　　　　　邮　　购：010-62786544
　　　　　投稿与读者服务：010-62776969，c-service@tup.tsinghua.edu.cn
　　　　　质 量 反 馈：010-62772015，zhiliang@tup.tsinghua.edu.cn
印 装 者：三河市金元印装有限公司
经　　销：全国新华书店
开　　本：170mm×220mm　　　　印　　张：24.5　　　　字　　数：477千字
版　　次：2021年7月第1版　　　　印　　次：2022年7月第2次印刷
定　　价：99.00元

产品编号：088353-01

教学大纲

序号	学习内容	知识学习目标	能力培养目标	学习要求			学时	教学方式
				记忆	理解	应用		
01	第1讲 拍摄方案和器材 第2讲 商业短视频拍摄实战	手机的常规收音方案 用手机拍摄视频器材 摄像机、灯光器材、场记板	了解短视频拍摄所需器材	√	√		2	讲授
02	第3讲 课程安排 第4讲 随堂创作	优秀短视频作业赏析 关键词故事、剧本的格式 写自己的故事	学习写出自己的第一个短视频故事	√	√	√	2	练习
03	第5讲 大作业与影片解读 第6讲 剧情设计：戏中戏	短视频实践范例 大作业的剧本范例 故事结构分析	看往期优秀的短视频作业，为学习、进步找到具体的努力目标	√	√		3	讲授
04	影片分析	解读《每天进步一点点》 解读《拍片现场》	分析影片，学写剧本				2	练习
05	第7讲 反结构与喜剧效果的表现	剪辑软件 调整学生片例 机位图设计 商业片例分享	观摩老师修改学生作业中的具体问题	√	√	√	2	讲授
06	影片分析	解读《不相信梦想了》	分析影片，学写剧本				1	练习
07	第8讲 被动型主人公	制片管理 道具预算表 顺场剧本	学习拍摄一部短视频所需的制片知识	√	√		2	讲授
08	影片分析	解读《开篇就成功》	分析影片，学写剧本				1	练习
09	第9讲 修改剧本作业	场景与格式 台词与动作 对话与标点 为角色起名	观摩老师修改学生作业中的具体问题	√	√	√	1	讲授
10	第10讲 镜头机位设计 第11讲 剧本结构设计	机位设计 站位遮挡 制作分镜表 故事结构设计	了解拍摄中镜头机位的设计技巧	√	√		2	讲授
11	影片分析	解读《宅男的英雄决斗》 解读《替代品》 解读《命运的玩笑》	分析影片，学写剧本				2	练习

（续表）

序号	学习内容	知识学习目标	能力培养目标	学习要求			学时	教学方式
				记忆	理解	应用		
12	第 12 讲 解读构图 第 13 讲 选景与拍摄经历	构图与动势 "最高点"构图、明暗对称构图 打破中心构图、结构构图	学习构图、选景的经验技巧	√	√	√	2	讲授
13	第 14 讲 故事创作与排练 第 15 讲 创业故事的细节化处理	故事创作的要求 人物设计的问题 反角故事线 危机设计、结局设计 创建新角色、紧扣开篇	示范调整学生创作中的具体问题，并展示解决方案	√	√		2	讲授
14	第 16 讲 剧本开拍前的准备 第 17 讲 片场演员走位设计	影片立意、情节点的逻辑 问题镜头、缺少反打镜头 过肩镜头、动接动、情绪镜头	解决实际拍摄中演员的走位、机位调度的问题	√	√	√	3	讲授
15	第 18 讲 影响拍摄画面的要素 第 19 讲 视频后期问题汇总	现场收音的重要性 画面模糊的输出设置 画面闪烁的问题 画面的"跳"感 修改、剪辑字幕 曝光锁定、剪不掉的画面 素材脱机的问题	了解剪辑软件的功能、解决视频剪辑中遇到的常见问题，完成拍摄的作业剪辑，并输出成片	√	√		2	讲授
16	第 20 讲 剧作语言训练法 第 21 讲 客户提案与应对 第 22 讲 故事冲突不足的解决方案	如何拉片 分镜表、拉片表格 学习方法 角色分配 客户阐述	给出进一步提升短视频拍摄、创作能力的学习方法			√	3	讲授

注：教学方式分为讲授、练习等。

配套视频

开篇

知识点	扫码观看	主题
学生们都喜欢上拍摄课		
设计一个大作业环节		有言在先
对待拍摄的"粗糙"心理		

知识点	扫码观看	主题
稳定器出场		视频方案 04

第 1 讲

知识点	扫码观看	主题
有线耳机的音质很好		
短视频创作最简配件		声音方案 01
有价值, 有干货, 有观点		
无线耳麦		
无线麦克风的收音		声音方案 02
录音机方案		
手持拍摄要领		视频方案 01
手机与自拍杆式脚架		视频方案 02
多用途型扩展外壳		视频方案 03

第 2 讲

知识点	扫码观看	主题
火锅店的短视频		短视频案例
酒吧的短视频		01 案例预览
对素材归类		02 如何分场
剪辑的内容		03 根据音乐配画面

第 3 讲

知识点	扫码观看	主题
优秀短视频作业之一		《钓鱼》

知识点	扫码观看	主题
优秀短视频作业之二		《父亲》

第4讲

知识点	扫码观看	主题
优秀短视频作业之三		《成功不易》

第5讲

知识点	扫码观看	主题
短视频创作实践（黄山拍摄）		大作业范例《回家》
用尽全力向目标发起冲击		解读《每天进步一点点》
理解影片的节奏		
完美的角色		

第6讲

知识点	扫码观看	主题
"狩猎"的故事		解读《拍片现场》
广告商是反角		
戏中戏的结构		

第7讲

知识点	扫码观看	主题
再也不相信梦想了		解读《不相信梦想了》
这个困难非常大		
影片转折点		

第8讲

知识点	扫码观看	主题
开篇就成功		解读《开篇就成功》
跨越时空的意义		
开灯与希望		

第9讲

知识点	扫码观看	主题
人物小传		01 改剧本一部
一文一言只对一意		02 改剧本二部
次要角色的命名		03 改剧本三部

第10讲

知识点	扫码观看	主题
用悲剧开篇		解读《替代品》
幻觉与神奇事件		
危机呈现		

知识点	扫码观看	主题
主人公的困境		解读《命运的玩笑》
设定目标		
反转		
轴线问题		01 镜头机位设计
反打		02 制作分镜表
时间线的区间		03 输出设置

第11讲

知识点	扫码观看	主题
设定了一个假英雄的形象		解读《宅男的英雄决斗》
中间是逞强环节		
坏人需要得到惩罚		

第12讲

知识点	扫码观看	主题
构图与动势		构图讲解
纵深加强构图		
意境构图		

第13讲

知识点	扫码观看	主题
学校宣传片		取景经验谈
咖啡馆		
巷子		

第14讲

知识点	扫码观看	主题
事件的建立		《对话未来》01
情节的逻辑关系		《对话未来》02

第15讲

知识点	扫码观看	主题
开篇的建立		《追梦的画家》01
紧扣开篇		《追梦的画家》02

第16讲

知识点	扫码观看	主题
影片立意		01 创作《游戏奇缘》

知识点	扫码观看	主题
剪辑目的		02 精简画面
人物关系带入戏中		03 机位设置

知识点	扫码观看	主题
文件缺失		03 脱机与画面尺寸

第20讲

知识点	扫码观看	主题
拉片的作用		01 如何拉片 1
用词要具体		02 如何拉片 2
剧本中要写出空间感		03 拉片转剧本

第17讲

知识点	扫码观看	主题
问题镜头		
过肩镜头		演员走位设计
带关系拍摄		

第18讲

知识点	扫码观看	主题
现场收音		
制作字幕		噪声与字幕制作
用波形对字幕		

第22讲

知识点	扫码观看	主题
重复事件		01 故事阐述
画面闪烁的问题		02 服装与剪辑点处理
人物设定的偏差		03 场景选择的问题

第19讲

知识点	扫码观看	主题
画面忽明忽暗		01 曝光锁定与剪不掉的画面
用关键帧控制速度		02 制作滚动字幕

前言 FOREWORD

在影视编导类课程教学过程中，为了让学生有更多视频拍摄的实践，笔者提倡使用手机作为主要拍摄工具。对于当日的教学效果，第二天就能收到短视频作业的反馈，可快速检验学生对知识点的掌握情况。于是就形成了这套短视频创作课程。

根据笔者授课过程中的观察，发现大多数学生都喜欢上拍摄课，但兴趣持续性较短，深入度较浅。随着老师讲解的深入，涉及动脑和创作环节时，有些学生会低头看手机。课堂上，常常是老师在讲台上努力完成教学任务；讲台下，学生们在更新娱乐新闻和朋友圈动态。

在教学中，一般不会强制干预学生看手机。因为，如果将编导课的授课内容和流程设计好，会比娱乐新闻和手机游戏更有吸引力。看别人经历的事情，不如由自己去演绎。故事创作和戏剧表演，天然就具有强大的吸引力，所以这套教程非常重视环节设计。

课程开始时，先尝试着写一个故事，然后讲解基本的写作格式，逐一解决读者对短视频的剧本格式不了解、写作无从下手、用词不准确等问题。笔者不会直接解析一个剧本范例，而是随机选取学生创作的故事，在错误的剧本格式上进行修改，示范短视频剧本从无到有，从格式不准确到规范的全过程，让读者迅速对短视频的创作有切身的体会。

掌握短视频创作的基础知识之后，笔者会解析不同类型的短视频片例，供读者参考、借鉴。因为读者刚刚接触短视频，对故事和画面的把握刚刚有点感觉，此时要凭空创作还不太现实，需要借助短视频的模板。而影片分析环节，能够快速帮助读者找到方向，以此为基础进行创作，可有效提升短视频创作水平。

当课程过半时，笔者设计了一个大作业环节，用 16 课时继续打磨一部作品，让这部短视频作业精益求精。

上述就是短视频创作课程大概的环节设计。

短视频创作实录是一套系统课程，目标是在 15 天之内，用 32 课时（参看文前所附的课时分配）让从未接触过手机短视频拍摄的读者迅速上手，创作一部时长为三分钟的短视频故事。进而实现零的突破，到课程结束时，能够独立完成短视频文案写作，学会使用手机拍摄，再对视频进行后期剪辑。

在线下授课时，要实现这个目标都是一个不小的挑战，现在脱离课堂环境，没有老师的督促，缺少修改作业的环节，效果会打些折扣，所以读者在学习过程中，要多拍摄短视频作业进行练习。

之前的编导课，一般会涉及专业摄像机的使用，让人感觉很高深。而如今常用的工具由沉重的摄像机变成了小巧的手机，拍摄器材使用更加便捷了，让更多的爱好者可以随时随地进行短视频创作。

为了方便读者更好地理解书中所讲内容，本书在每讲课都安排了教学视频。读者在学习过程中，可以扫描相应的二维码直接观看视频，将书本内容与视频内容相结合，以加深理解。希望本书的示范和学习方法，能对读者进行短视频创作有所助益。

如果读者在学习过程中遇到问题，可以与编者联系，编者的电子邮箱：2696419378@qq.com，微信号：2696419378。欢迎广大读者提出宝贵的意见和建议，以便后期更好地改进课程内容。

如果读者需要全部的教学视频和教学课件，可扫描下面的二维码，然后将内容推送到自己的邮箱中，即可下载获取相应的资源（注意：请将这几个二维码下的压缩文件全部下载完毕，再进行解压，可得到完整的文件内容）。

编　者

目录

CONTENTS

第3篇　故事结构与拍摄练习

第6讲　剧情设计：戏中戏

第7讲　反结构与喜剧效果的表现

第4篇　制片筹备与机位设计

第8讲　被动型主人公

第5篇 构图与场景

第11讲 剧本结构设计

第12讲 解读构图

第13讲 选景与拍摄经历

第6篇 开机前的准备与剧本细节

第14讲 故事创作与排练

第7篇　视频后期技巧与实践

第17讲　片场演员走位设计

第18讲　影响拍摄画面的要素

第 8 篇 改进学习方法

第 20 讲 剧作语言训练法

第 21 讲 客户提案与应对

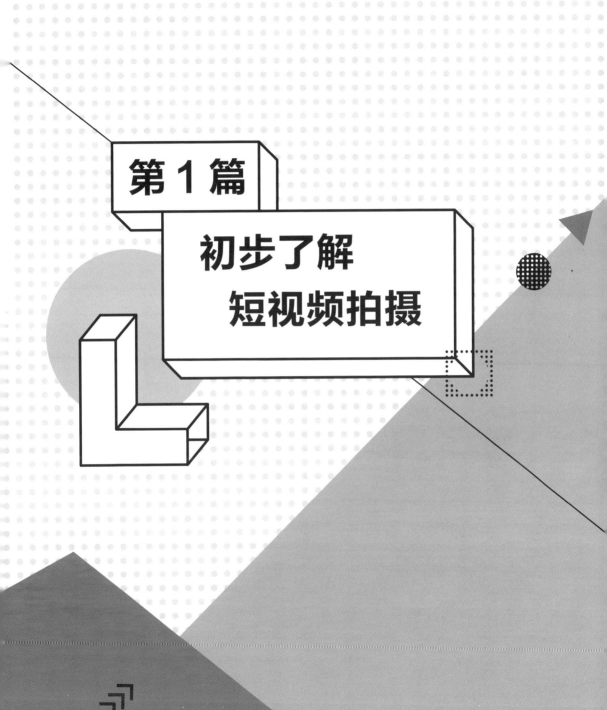

第1篇

初步了解
短视频拍摄

第 1 讲　拍摄方案和器材

　　手机是拍摄短视频的主要器材。很多主播和 Vlog(video blog，微录)博主，通常都是一个人用一部手机完成拍摄、收音、剪辑、配音、上传平台的全部操作。本节课以了解拍摄和收音器材为主线，列举手机收音方案和视频拍摄方案……毕竟高质量的视频画面和声音，更能吸引观众。

　　本课程中，笔者所列举的器材和手机拍摄配件，均在平日教学和拍摄中使用，对其功能特点和易用性有所体会。在讲解拍摄流程的同时，会涉及对该器材的点评和使用心得，希望帮助大家优化自己的拍摄流程，选出更适合自己拍摄的手机配件。

1.1　手机的常规收音方案

　　对声音的处理要足够重视，**清晰的录音甚至比短视频的画面更为重要**。

1.1.1　有线耳机录音

　　以苹果手机为例，有线耳机能获得较好的音质。之前，很多主播直播时，都会手扶话筒，使其靠近嘴的位置，让听众获得更好的直播体验。

　　缺点：这种 3.5mm 接口的音频线，连接 iPhone 7 以上的手机需要转接头(Lightning 转 3.5mm)，额外增加费用，实际使用过程中体验感不好。

像第三方一分二接口（集充电、收音、话筒功能于一体），实际转接后，话筒功能无法实现。笔者查了一些资料，发现目前只有少部分品牌能解决，所以最省事的方案还是采购官方的转接头。

像有线话筒连接手机，原理也是一样，需要转接头才能起到提升音质的作用（只针对本篇所讲的手机品牌和型号）。

1.1.2　无线耳机录音

笔者偶尔会用无线耳机来录制课程，省掉连接录音机和进行各种设置的麻烦，摆脱线的束缚，解放双手……拿起来就用，音质也能够接受。但导入剪辑软件中，会发现录音是单声道，这显然不是最佳方案。

1.1.3　无线麦克风的收音（连手机）

在拍片现场，演员不可能戴耳机，那样就穿帮了，可以使用无线麦克风套件，发射端的麦克风夹在演员身上隐藏好，接收端的收音通过转接线连手机，可获得高质量的收音，声音将直接录在手机的视频中（录课和短视频拍摄时）。

这是一拖一的无线麦克风套件，如果有两位演员的对话，需要采购一拖二的套件。

这个方案并不适合学生拍摄作业。**无线麦克风套件较贵，如果不能从学校借用，成本较高。**

无线麦克风套件不仅仅可以连接手机，之前都是直连摄像机和单反相机进行收音。

使用手机拍摄时，通过转接线可以获得较好的音质。演讲人或者演员的活动范围不受线的限制。缺点就是一堆线，看着比较乱。

这也是无线直播的一个参考方案，相对于网课来说（笔者个人体验，仅供参考）。更为经济的方案还是采购有线话筒，用脚架将其固定在桌面上，用有线转接手机使用。

1.2　录音机方案

声音由录音机录制（便携式），视频由手机拍摄，通过后期处理软件进行音轨的替换，可获得较高音质的收音，这是较麻烦的一种方案，**需要多个设备协同配合，不适合直播。**

1.2.1　连接方案之一

将无线接收器连接录音机的话筒（外接立体声话筒输入接口 3.5mm），如下图所示。

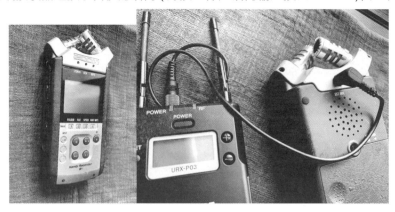

1.2.2　连接方案之二

无线麦克风套件还配置了卡侬输出线，音频输出（接收器）通过卡侬头接录音机的输入。

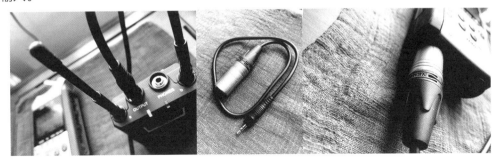

无线麦克风套件中的话筒受限于场景和硬件，在多人收音的场景中显然是不够用的，而且声音缺乏空间感。

卡侬头：这是一种音频接口，**多为连接电容麦的配置，最常见的是三芯卡侬头。**"卡侬"是英文 Cannon 的音译，和"佳能"的英文名很像，但两者并无关系。

1.3　专业话筒方案

1.3.1　连接方案之一

这是影视剧中收音的解决方案，话筒卡侬口通过音频线接录音机（外接立体声话筒输入接口 3.5mm）。

  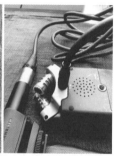

1.3.2　连接方案之二

下图中是接录音机和话筒的卡侬头。要想减弱环境声的影响，获得有空间感的声音，**要求在较安静的环境中进行录制（外景拍摄中有些噪声是无法避免的）。**

在录音机的方案中，音轨和视频单独录制，后期进行声音替换，这是高质量网课的声音解决方案，不适合直接使用（将录音机作为声卡，话筒连接计算机，还需要测试，较为烦琐）。

1.3.3　桌面话筒固定方案

录课、录音时，将话筒固定在桌面型三脚架上，调整好位置，可解放双手并获得高质量的收音。

1.3.4　幻象电源

为了获得稳定、高质量的收音，笔者还配置了幻象电源（需要录音机支持才可以发挥作用）。即便是用话筒收音，幻象电源也不是必备配件。对于录课和小成本影片的需求来说，**幻象电源的加入更是一种尝试。此方案仅供参考。**

注意：带有内部供电的电容麦克风，不要接到幻象电源上；电子管电容麦克风、铝带式麦克风也不要接到幻象电源上……录音方面的知识需要专业人士的指导。像话筒的选择、电容麦克风的采购等都需要花些时间，了解自己的需求。

1.4　用手机拍摄视频

1.4.1　使用手机拍摄

　　手持手机，控制得再稳，拍摄的画面也有可能抖动。**所以要想获得稳定的画面，需要将手机放在三脚架上进行拍摄。**

1.4.2　使用桌面型三脚架

　　三脚架一般用来协助拍摄固定镜头，起支撑、稳定的作用。桌面型三脚架个头小，携带方便，常放在桌面上，这类三脚架的接口是螺丝型，没有"伸缩夹"固定手机，需要再加装专用的手机扩展外壳。

　　解决方案：采购带有"伸缩夹"的桌面型手机三脚架。

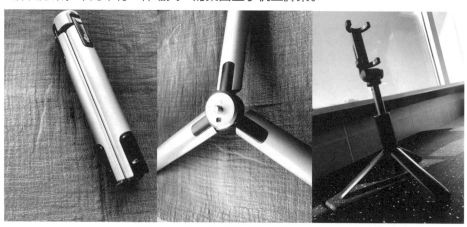

1.5　手机扩展壳方案

1.5.1　紧凑型扩展

针对某款手机，外壳比手机大一圈，上面有多个可扩展的接口（热靴、1/4 螺丝口）。

可以直接拧在螺丝型接口的三脚架（桌面型）上，横屏、竖屏拍摄都能胜任。

优点：安装好后特别稳；缺点：需要另购配件，成本上升，而且手机外壳未必适合自己的手机型号，属"玩票"型配件。

 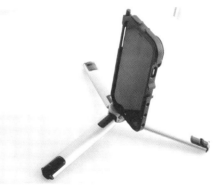

1.5.2　多用途型扩展

可针对多种型号、大小的手机进行扩展，上面有多个热靴、1/4 螺丝口等。将手机装好，可以在拍摄时更好地保护手机，也可以使用三脚架，横屏、竖屏拍摄都可轻松完成。

优点：不限型号；缺点：较大，较重。下图是此类外壳中大小相对适中的一款。

1.5.3　三脚架伸缩杆

桌面型三脚架高度有限，配合伸缩杆，能实现更高水平的视角。

伸缩杆携带方便，可向上伸出，缺点是升高有限；再加上现在的手机尺寸越做越大，越来越重，会导致杆体不稳。**追求稳定就要加粗、加重脚架，但这就失去了便携的意义**。

伸缩杆在升幅不高的机位中常会用到，但要避免室外大风天时使用。

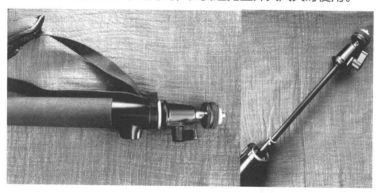

与桌面三脚架一样，接口是螺丝型。

1.5.4　万向头

万向头（常用配件）是实现多角度、多方向调节的连接配件，应用场景广泛，可用于多个小型拍摄器材进行方向、角度调节。一端连接到手机扩展壳或录音机上，另一端可接桌面型灯光、无线接收器等。

1.6　中型三脚架

中型三脚架在外拍时比较常用，**是拍摄短视频的必备器材**。

优点：外拍时稳定，操作流畅。

缺点：较重，携带不方便。

通过快装板，可应用于多种机型，如手机、单反相机、电影影像机等。

将手机放置在三脚架上，拍摄的画面稳定，无论左右、上下摇，都相当平稳。

1.7　手机稳定器

　　手持手机拍摄（尤其是运动镜头）时，使用手机稳定器画面会很稳（这也因人而异，新手需要多加练习，熟悉其性能）。对于固定机位的拍摄，还是**要把手机"老老实实"地放在脚架上**。

　　下图是学生课堂拍摄实践。

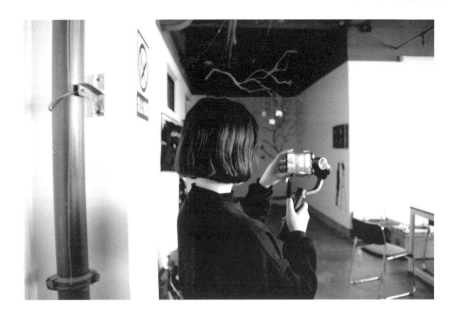

1.7.1　稳定器配重

下图是笔者几年前购买的稳定器（老式），前几年手机还没有像现在这样大，所以将手机装上稳定器后毫无压力。自从换了新款手机，明显感觉偏沉，就加了一个小配件，在稳定器的横轴上将其拧紧，**加强稳定效果，延长稳定器的使用寿命**。

1.7.2　手机拍摄手柄

通过手机扩展外壳可以加装手机的手柄，在一定程度上辅助手持拍摄，**较手持手机效果能更加稳定**。

优点：专业。

缺点：性价比不高。

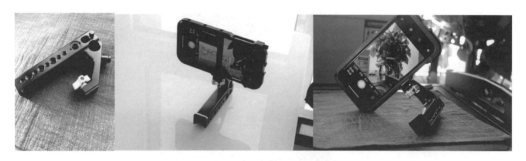

　　在实际应用中，用手柄进行手持（固定机位）拍摄，画面依然微晃。拍摄运动镜头时，迅速移动的画面质量尚可接受，适合个性化的 Vlog 视频，实现快慢交替的动感风格。手持拍摄的实践应用如下图所示。

1.8　摄像机

1.8.1　小型摄像机

　　小型摄像机小巧实用，手持拍摄画面较为稳定（因人而异）。可以设定镜头的跟踪，人物小范围的运动都可捕捉到。将其固定在桌面上，拍摄微课、示范类的画面，是种不错的选择。

　　进行桌面拍摄时，如果镜头距离被跟踪人物较近，会过于灵敏，感觉画面中左右摇镜居多。使用时总担心会跟踪丢失，反而不如固定机位拍摄让人踏实。

解决方案：将监看画面（反馈到手机 App 中的画面）的手机，放置在显眼位置。

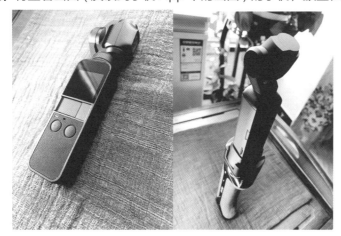

采购了一款手柄，作用是升高机位，放在桌子上好看。

缺点：不够实用，普通的桌面型三脚架都可以胜任。

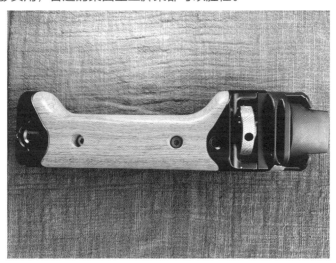

1.8.2　眼镜摄像机

眼镜摄像机可以真正地解放双手，无须额外固定，应用场景很多·买菜、做饭时，拍摄现场花絮……

缺点：画质不高，走路时拍摄，画面会比较晃。笔者常用来拍摄手机操作的画面，但头的运动是很多的，稳定画面的能力不够；而且造型上偏"女性"化，常常不好意思戴出去（当时买的时候只有中性款式，抱着尝试的心态）。

虽然不十分推荐，但未来眼镜型摄像机迭代产品值得期待，等待其加强稳定性和 AR 增强现实 (augmented reality) 的功能，**这也是未来手机迭代的一个趋势。**

1.8.3　运动摄像机

运动摄像机常用来记录花絮。

优点：画质高，可实现长时间的拍摄记录。4 个小时 1080P 的连续拍摄，每 45~60 分钟就需要更换电池。**装上一个夹子后，很多地方都可以放置，**例如可以将其固定在灯的遮挡板上。

这款机器的配件也很多，如果有兴趣的话，可自行拓展其用途。

1.8.4　专业摄像机

单反、入门级电影摄像机属于专业级别的摄像机，可获得高画质的效果，拍摄时需要多人配合，不适合个人短视频的拍摄。

1.9　灯光器材

1.9.1　小型桌面用 LED 单灯

这种灯可充电，也可使用电池，携带方便，性价比高，作用很大。

强烈推荐，辅助使用，所拍摄照片会非常漂亮。

1.9.2　影视灯光

　　灯光器材分为灯头和支架，移动、布置都较为麻烦。下图中的灯光在影视拍摄时属于小型灯，个人短视频不推荐。笔者录课时房间内布置了两盏灯，是之前拍片时买的，希望拍摄出来的效果更好。

　　在实际项目的操作过程中，还是租用灯光器材，连人带灯，比自带灯高效很多倍，个人买灯不太划算。

1.10　场记板

　　场记板是拍摄必备工具。口令：准备，啪，开始……

强烈推荐，有了它就是一个真正的"剧组"了。一个人也没关系，录音时可以来一下。新手要多多注意，小心别夹到了手。

第 2 讲　商业短视频拍摄实战

本节课中，笔者会以学生实训（暑期）拍摄的真实案例为线索，带大家感受商业短视频项目和拍摄流程。刚刚从课堂中走出来的同学，从听老师讲，到跟着做，再到自己上手……想必他们的状态和此时本书的读者有一些共同之处。

笔者就借这两个短视频实战案例，分享创作过程中的器材准备、探店、看景、排练、剧本创作等主要环节，让大家在自己上手拍摄的过程中，尤其是起步阶段能所有借鉴。

短视频能否出彩，顺利交片，后期环节肩负重任，需要大家在后期环节精益求精，确保短视频精彩展现。

2.1　器材准备

1. 手机与微单

这次拍摄以微单（微型单反相机）为主，手机为辅，拍摄时竖屏拍摄，不采用横拍。因为短视频平台竖屏视频是**大众看视频的习惯方向**。

2. 快装板与三脚架

通过快装板，将微单或手机固定在三脚架上拍摄（需要专门的快装板，常规都是横拍的）。

3. 话筒和 LED 灯

话筒通过挑杆进行收音，声音直接录入微单中，话筒需要专人负责，并与摄像配合。

4. 小型摄像机和手机稳定器

用于花絮记录和运动镜头的拍摄。

5. 场记板

每个镜头都要打板，以便后期声画对位。

2.2　抖音案例之火锅店

这是为一家火锅店拍摄的短视频。客户为了增加影响力，刺激销量，要设计一段求婚的短视频，下图是拍摄现场的花絮截图。

下图是火锅店外景的拍摄，平时这类难度不高的短视频，**就会用小灯**(LED)补光。

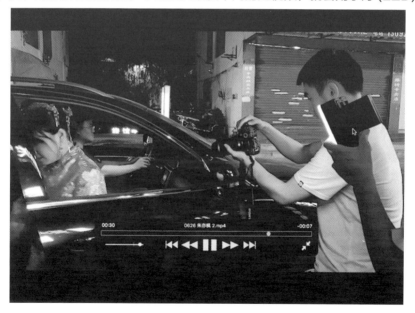

大家拍作业也可以用手机中的手电筒进行补光，需要离得近一点，一部手机不够，就两部一起打开手电筒，辅助提高场景的亮度（仅适用于近景或特写）。

餐饮类的短视频拍摄离不开美食，店家会把店里最具特色的菜品拿出来"出镜"。

拍摄时满满的两桌菜，一桌是剧情需要的"道具"；另外一桌是工作人员的杀青晚宴……

2.2.1　看景

在拍摄之前，先熟悉场景是必要的流程。到店里拍摄照片，跟店主沟通一下，看看在哪个区域取景最合适。拍摄时，店家是要营业的。选好了场景，店家会单独留桌，为拍摄提供便利。

2.2.2　排练

拍摄当天，我们是下午过去取景的，中午饭点刚过，人少。可以让演员走位，熟悉场地，分配工作人员要配合的各项工作。这些都在这个时间段完成，保证晚上拍摄的顺利进行。

取景时拍摄的是照片；排练、演员走位时拍摄的是视频。

整个流程过一遍，做到心中有数，十分踏实。

2.2.3　剧本创作

1. 前期头脑风暴

剧本的创作需要时间，大家要反复开"碰头会"。

没有看景之前，对客户提出的想法进行延伸和拓展，拿出一个初步的创作方向是"标准"流程。也可以在看景之后，再进行剧本的创作，都是没有问题的，这个流程并没有先后之分。

前期的头脑风暴阶段，不一定非要整理出一个逻辑流畅、情节感人的故事预设……确定一下创作目标，将"碰撞"出来的关键词做一个记录，也是一个切实可行的办法。

剧本的成型，常常不是一蹴而就的，需要反复打磨。

和同学们第一次开"碰头会"，设定的目标和关键词如下。

目标：浮夸、意想不到、趣味性、对话内容要少。

关键词
吃火锅，结婚前
要结婚了，想吃一顿火锅，进店
被人拖走

拍摄目标
火锅店环境、菜品（菜品用单反相机拍摄） 选择有特色的环境，拍摄定格照片 上菜，菜的全景，单品菜下锅，吃的特写

2. 借鉴与创新

客户有想要短视频效果的参考片，这次创作借鉴了参考片的故事结构，并对其进行了调整。

剧本如下，供大家学习、参考使用。客户有较明确的创作方向，**思路不再模棱两可，交片相对就变得"顺利"**。

3. 学生创作一版

客户去了学校的工作室，老师找了班上暑期留校实习的五位同学，开始了一次创作之"旅"。以借鉴的形式开始，是较快学习、进步的一种方式。大家遇见自己喜欢的短视频，试着以自己的方式重新演绎，会受益匪浅。**就像我们站在了"一位老师"的肩膀上。**

短视频剧本
一对情侣，男生给女生戴戒指 男：嫁给我吧 女：不是钻戒啊 　　男主、女主正在吃火锅 　　两人互相对视，擦嘴 　　男主双膝跪在板凳上 　　男、女情侣转头看 　　男主表情 　　女主表情 　　女主从火锅里夹起凤爪 　　男主从火锅里夹起辣椒圈 　　把辣椒套在凤爪上 　　男、女主看向情侣 　　情侣表情 　　女主拿着凤爪，男主牵手 　　两人从情侣面前走过

4. 学生创作二版

计划拍摄两个版本，其一，客户想要的版本过于接近参考片；其二，想着可以让大家在创作方面有更多实践。由于第一版本的拍摄时间过长，不想耽误火锅店下班的时间，就决定将这个备选方案取消。

剧本大家可以实践一下。这是同学们第一部原创的商业短视频剧本。

短视频剧本

新娘的火锅
火锅店　内　夜景

两人吃火锅，摄影师给他们拍照
夹菜，涮肉蘸料，夹肉丸

最后一口
新娘闭着眼吃一口米线后
新郎、新娘两人往外走

化妆师、摄影师、司机都站在桌旁
站着不动

新郎、新娘皱眉
惊讶，向后退

桌上什么都不剩
汤都被喝干净了

摄影师相机也不要了
用它顶着司机师傅的脸，不让他靠近

服务员拿单子过来
还未结账

摄影师抓着新郎的手
新娘瞪了他一眼

摄影师拿新郎的手
在单子上画了一下

> 新娘、新郎两人低头看单子
> 上面有一个"心"形
>
> 两人一起抬头，伸双手给摄影师点赞
> 新郎单膝跪下，拿出钻戒
>
> 摄影师转身，打了一个饱嗝
> 拿出相机，单手按快门
>
> 定格，完成一张结婚照

2.2.4 后期制作

整个片子的后期制作是从六点开始，十二点结束的。

短视频是在 Premiere 中完成剪辑、配乐和输出的，软件在后面的课程中还会详细讲解，并配有课上的部分视频教程。

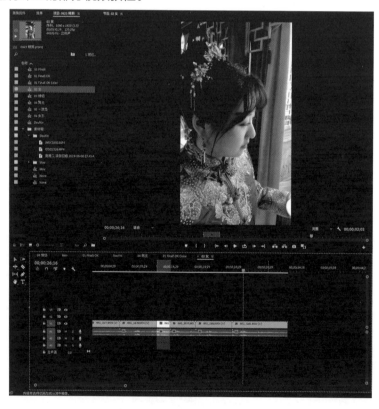

2.2.5　成片效果

一个剧本也能做出两个版本，用在书中这个版本更适合教学。

在这个教学版本中，并没有完全按照客户的意愿进行处理，而是更多强调镜头的流畅性和故事性，并没有对人物进行美颜、瘦脸、调色美白等处理。这些步骤在商业短视频的实操中，是必要的流程。

短视频虽然短，但每个镜头都要精心打磨。拿出小团队所能做到的最好效果，投入时间、精力，精心制作。

下面展示的是火锅店短视频画面，让大家熟悉拍摄流程。

2.3　抖音案例之酒吧的故事

接下来的案例是发生在酒吧的故事，将着重于分享短视频的后期制作流程。这个片例也是带着学生暑期实习拍摄的。

> **提问** 在后期的环节中，应该怎么做？

将拍摄的素材先分类，再粗剪，最终精剪出成片。

> **提问** 面对拍摄的大量素材，我们怎么办？

查看文件夹目录的素材，将拍摄之前未清理的素材删除或者移出。

注意： 要保证目录中只有一套素材，等一下要将整个文件夹导入软件中。

2.3.1　素材管理

1. 素材导入

拍摄完成之后，在剪辑软件中需要按场景对素材归类。不然的话，时间都浪费在素材之间的跳转上，不能高效找到想要的东西。

- 打开剪辑软件，导入素材。
- 找到文档的目录，把整个文件夹导进来。

手机中会生成临时文件，可能会随整个文件夹一同被导入。**对于不支持的文件类型，软件会给提示信息，忽略即可。**

2. 建立总序列

将所有素材创建一个序列。

我们先将所有的视频拖动到时间线上。

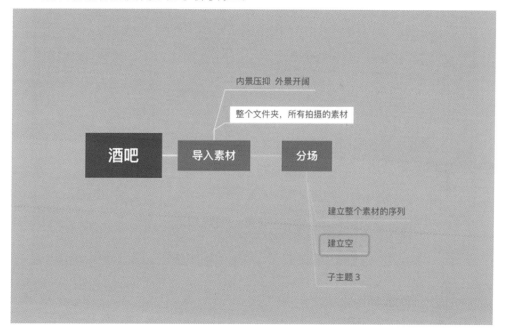

3. 分场（素材）

总序列建立完成后，如果不分场的话，找素材就像是大海捞针。

例如，要想找一个演员喝酒的镜头，不分场前很多素材混在一起，好不容易找到了，将需要的镜头画面剪切（使用一部分）……下次又想用到该镜头的画面，**就要再从所有素材里面重新过一遍，操作起来特别麻烦。所以分场很有必要。**

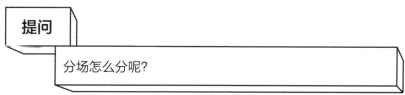

提问

分场怎么分呢？

讲解一个新的知识点：分场。

分场的步骤从建立一个空序列开始……

2.3.2　空序列

空序列，就像一个"抽屉"……以序列的形式，对场景内容进行重新划分。

1. 命名与复制

创建一个空的序列，方法有很多种，在此用快捷键 Ctrl+C 和 Ctrl+V 来实现。

● 将之前建立的总序列复制、粘贴，然后将其名称改为"空"。
● 将序列中所有内容删掉，空的序列就建好了。

然后复制、粘贴空序列，多复制几个也没关系。

2. 结尾环节的序列

再次打开总序列，拖动到时间线的结尾处，从后往前操作，对素材进行归类。

本片例时间线上最后的场景是"大团聚"段落：帅哥、美女一起唱歌跳舞，一个非常欢快的场面。

(1) 按键盘上的向上箭头键，在时间线中不断往前拖动。

(2) 找到在"大团聚"场景拍摄的第一个镜头。

(3) 按 I 键，可以将鼠标指针后面的所有镜头都进行选择操作。

(4) 使用快捷键 Ctrl+X 将其剪切。

(5) 找到一个刚刚建立的空序列，打开并使用快捷键 Ctrl+V 进行粘贴。

这个序列里面就是影片结尾环节的所有内容。

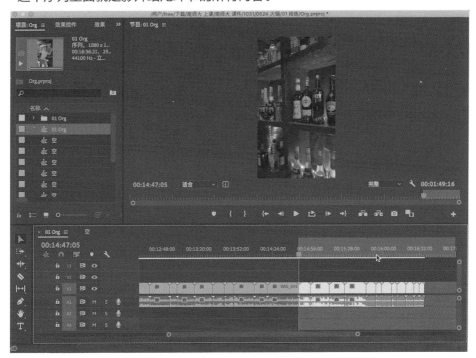

将序列改名为"结尾"，就完成了第一个序列的分场。

为了保持时间线的简洁，将"结尾"关闭（等需要时再次打开）。

3. 复制与粘贴

继续在总序列中往回找。

在片例中，接下来的段落是客户（喝酒的人）提出"想要什么酒"的素材，并在餐巾纸上写出对酒的感觉。

(1) 在下图所示位置，这段拍摄的镜头个少，占了总序列较大比重。

(2) 按 I 键，剪切操作使用快捷键 Ctrl+X。

(3) 找到一个空序列，提前修改名称为"客户要酒"（过程中保持思路清晰）。

(4) 双击打开"客户要酒"序列，把剪切的素材粘贴过来。

在这个序列里边，是跟客户要酒相关的画面。

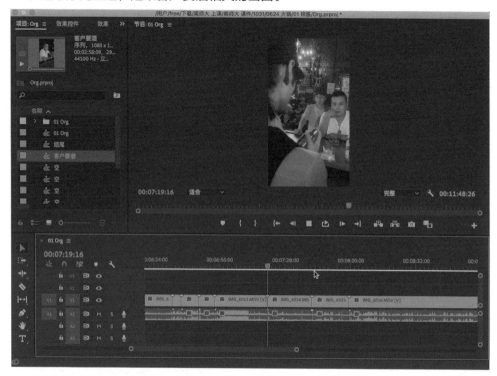

按照相同的方法，将整场戏的素材进行分类。

4. 完成分场

接下来的画面是：客户对调酒师精湛的调酒动作"看呆"了。

(1) 重复运用"剪切"和"粘贴"操作，具体步骤同前。

(2) 把调酒师"炫技"的素材单独整理到一个"空"序列中。

(3) 操作结束，将该序列的名称修改为"看呆了"。

序列名称大家可以根据自己拍摄的内容进行命名。

通过不断地分场，把这场戏给分完。具体操作不再演示。

2.3.3　剪辑的核心

咱们讲解下一个话题。

提问

> 剪辑到底剪的是什么？是画面吗？是音乐吗？还是旁白的
> 故事？

围绕着一个主题，有开始、高潮和结尾的一件事。

1. 创作的起点

谈到剪辑，要回答这个问题，需要回到我们创作的起点。

提问

> 短视频类的创作是基于文本，为什么？

视频构思之前，需要把你的想法和想拍摄的内容写出来。画面是配合文本思想的一种视觉元素，可使思想更直观地传达。

音乐的重要性，需要再次强调一下。

从情感渲染的层面比较音乐和画面的作用，音乐的作用要大于画面。如果我们将一段视频的声音关闭，只看画面的话，其实很难被打动。但我们通过一首歌，就可以心潮澎湃。

剪辑是基于文本所创造的完整事件：**将想象的事变为现实的图像。**

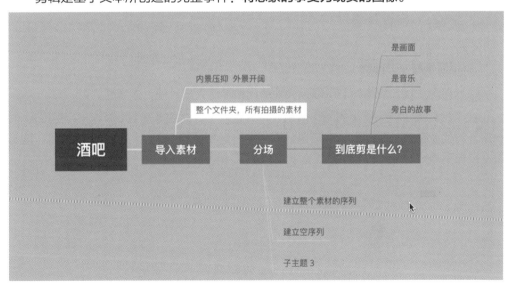

2. 找到合适的音乐

为我们创作的故事找到合适的音乐，也是剪辑的一部分。

客户有时候很难知道自己想要什么，对短视频提出的要求，常常是：好玩、搞笑、幽默……

具体的表现形式由创作者去填充。面对拍好的素材，我们有了想法之后，**先别急着剪辑成片，找到合适的音乐尤为重要。**

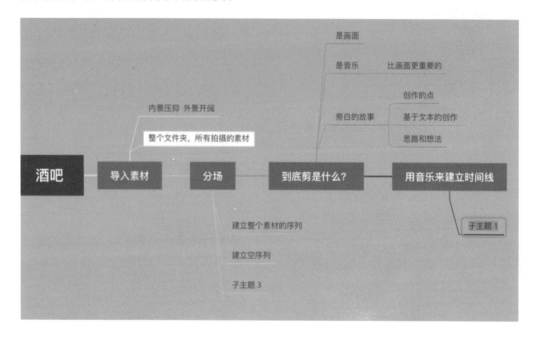

3. 用音乐建立时间线

以音乐为主线，**故事情节可以极大地简化和精炼，出片快，效率高。**

找了短视频平台上挺火的一段音乐，导入软件中，时长 1 分钟，将它作为时间线的长度。我们就在这一分钟里，从拍摄的素材中挑选合适的画面，构建自己的故事，这是故事类短视频相对好剪的一种方法。

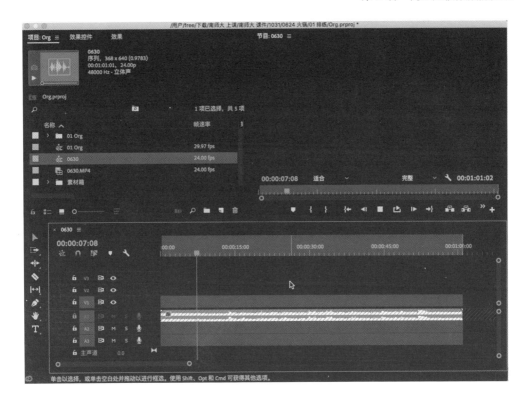

2.3.4   情节构思

开篇的想法：酒吧老板要出场亮相。

开始从拍摄的素材中查找老板"耍酷"的画面，然后选择这段，如下图所示。素材较长，要从中选择一段，剪开。

如果还是按传统的故事剪辑方式来做，片子的时长不好控制（要求：1分钟左右），而且整个剪辑过程比较耗时。

初学者对视频还没有"时间"的概念，一不小心就把视频做长了。

越短的视频，越不好做。一分钟的短视频，能放进其中的画面是非常有限的，每个镜头都要精挑细选。

1. 慢动作

这次拍摄中，很多镜头都是升格拍摄，就是每秒 120 帧进行拍摄，可实现人物的慢动作。在慢动作中人物会有更多的细节表现。

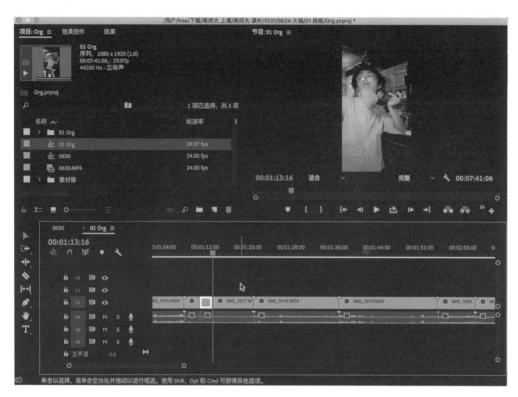

将慢动作的镜头导入软件中，**素材会默认恢复到每秒 25 帧，需要手动"变速"将其变成慢动作**……在慢动作的作用下，一个自认为很帅、很酷的老板"跃然"眼前。

在挑选的"魔性"音乐配合下，重新赋予了画面意义，大大加强了画面的喜剧效果。

2. 剪掉多余的部分

画面中演员的眼睛一瞥，感觉很好，就用到这里，将其余的删除。

接着找画面，按照故事脉络的设计：老板很帅、很酷、感觉很牛的样子……

他看客人来了，赶紧去迎接。

找到汽车开过来、"客户"开车门的画面，如下图所示。

3. 人物登场

"客户"下车后，找一个比较帅气的动作，剪切至合适的段落，放在时间线上。

现在完成了第二个镜头，"客户"不是一个人来的，他和爱人一起。

这里设计了一个女神范儿的感觉，动作：上台阶前，把手伸出来，"客户"伸手扶好（喜剧效果：高冷的女神）。

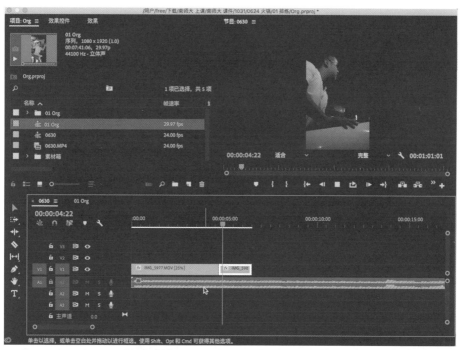

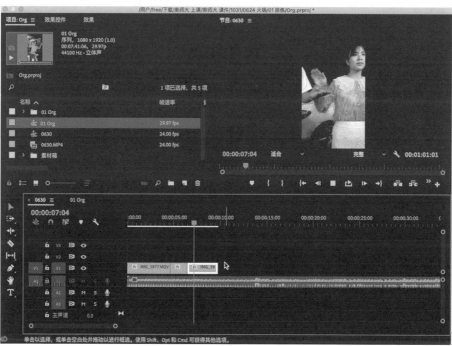

2.3.5　短视频的特点

播放看下效果：酒吧老板亮相，客户出现……在音乐的作用下，根据节奏铺排镜头，建立故事线。而像常规影视剧中，出于情节连贯性方面的考虑，人物的对话被精简，变得更为直截了当。

剧情的发展被音乐推着"快速"往前走，感官触动，简单直接，显然是非常有效的技巧。

这时候有一个喜剧效果，老板过来给他们开门，结果一不小心被绊，摔倒在地上，如下图所示。

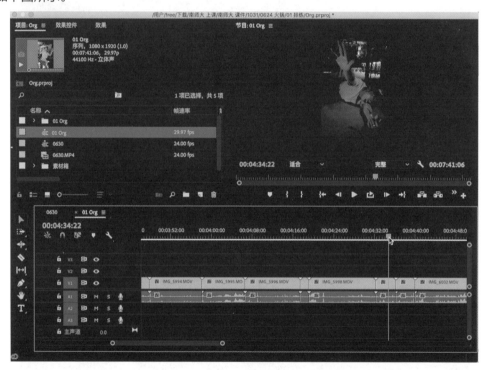

慢工出细活儿，剪辑就是这样的工种。一分钟的片子要反复看，各种镜头组接尝试，还要对音效等细节进行打磨。**不要着急，"小火慢炖"。**

在音乐的配合下，把整个时间线"码"出来……挑出合适的画面，把"顾客来酒吧"的故事演绎出来。后续的操作就不细讲了，本节课的目标是让大家先了解流程。

第 2 篇

短视频剧本写作

第3讲　课程安排

本节课列举一个短视频效果的优秀"样式"，包括一个完整的剧本范例。通过初读剧本时阅读的困难，引出如何建立故事结构这个知识点，强调用一张图呈现出片子"曲折"的情节；在其中标注发生的事件，因为结构图能让创作思路更加清晰。

短视频创作是一个系统工程，起码要经历两次"新"创作，第一次是剧本创作，要从无到有；第二次，创作者要体会到文字转画面的形式，剧本要用拍摄去检验，也是从无到有，点滴积累。

另外，笔者会用大家课堂上创造的故事，"调试"创作的感觉，指出问题，并给出解决方案，使问题和解答能够更贴近初学者的状态。

3.1　教学计划

下面正式开始我们的课程，**涉及短视频构思到成片的完整流程**。时间很紧，也很宝贵，我们看一下课表安排。

《短视频创作实录》

第一周	周一	10 月 21 日	8：00-12：00	4 课时
	周二	10 月 22 日	8：00-12：00	4 课时
	教学目标：学习使用手机拍摄			
	周四	10 月 24 日	8：00-12：00	4 课时
	周五	10 月 25 日	8：00-12：00	4 课时
	教学目标：短视频剧本写作入门			
第二周	周一	10 月 28 日	8：00-12：00	4 课时
	周二	10 月 29 日	8：00-12：00	4 课时
	教学目标：创作一部三分钟短视频剧本			
	周四	10 月 31 日	8：00-12：00	4 课时
	周五	11 月 01 日	8：00-12：00	4 课时
	教学目标：完成短视频的拍摄，掌握剪辑技巧			

3.2　评分与分组

3.2.1　作业评分标准

短视频作品评分		
打分	依据	基本得分
50~60	不知道在讲什么	
60~70	(1) 故事能看懂 (2) 但场景出戏 (3) 镜头缺少变化	
70~80	(1) 故事看完有所触动，情节设计有明显瑕疵 (2) 镜头景别丰富 (3) 剪辑流畅	
80~90	(1) 故事有亮点，创意很好 (2) 演员服装、道具准备充分 (3) 带着悬念看完全剧，意犹未尽 (4) 剪辑流畅	
最终得分：作品评分 + 作业完成度 + 作业质量 + 旷课情况		

3.2.2　团队分组

开课前的第一件事：分组。

五人一个小组，同学们自行结组，选出组长，最好是同宿舍的，便于大家沟通……
我们已经组队成功，马上开始进入"战斗"状态，准备"打怪升级"。

3.2.3　成员照片

下课之后，各组制作如下图样式的**小组成员表（包括照片、学号、姓名）**。

老师要知道你是谁，你的学号是多少。

大家以这个为参考样板。选的照片尽可能统一，这是组长要做的事情，做表交给老师。

学号：1　　姓名：　　　　　　学号：2　　姓名：　　　　　　学号：3　　姓名：

3.3　优秀短视频作业之一

我们看一个小组的短视频作业。这是刚刚结束的一期班一组的作业。

> ### 剧情简介
>
> 　　通过"让路人捡到钱"这个事件，幕后藏着一个设计好的"局"。故事结构紧凑，情节起伏，反转的设计也足够有力……

看往期学生的视频作业，**这也是我们接下来作业的样式。**

1	空镜，镜头右摇
2	出字幕，地面上有一张钞票；4 秒
3	男青年走过来，留意看到地上的钞票；全景

4	男青年伸手去捡，钞票被一只脚踩住；1.5秒，中景
5	身穿黑色运动服的人踩着钞票，看着他；1秒，中近景
6	男青年抬头看对方；1秒，全景

7	男青年起身，双手推开对方；3秒，中景
8	两人用力推对方，双脚交替用力，两人僵持；2秒，近景
9	两人倒在地上，男青年要伸手拿钞票，被对方抓住不能移动；3.5秒，小全

老师找个同学点评一下影片。

| 提问 | 你觉得能看下去吗？ |

能看下去。

| 提问 | 感觉有意思吗？ |

有意思。

| 提问 | 这位同学，你讲一下，你觉得拍这个片子难不难？ |

应该不难。

期待你们组的作品。

提问

最后一排的那位女生，你以前拍过东西没有？

没有。好，这回试一下。

各组同学用自己的手机拍就可以。

3.4　剧本范例

接下来，在课堂上看的优秀学生视频作业**都是用手机拍摄完成的**。

下面是这部短片的剧本。

《钓鱼》剧本

一组作

小路　外　日景

一张钞票在地上

"鱼"走在路上，嘴里叼一根草
突然左顾右盼，将草丢到一边
弓着腰向前走

"鱼"走到钞票旁边
蹲下，伸手拿钱
骗子一脚踩到钱上

"鱼"抬头，眉头微蹙

骗子一向下斜视
"鱼"蹲在地上向上看，一手做着拿钱的姿势

骗子一一脚踩在钱上，向下斜视

"鱼"再次抬头，并起身
"鱼"做推骗子一的动作
两人腿部的来回动作
钞票在两人的脚边

黑屏
"哔"的一声

两人躺在地上
"鱼"压在骗子一的身上
两人尽力地用手够钱
互相撕扯

两人面对面
都扶着膝盖，气喘吁吁
"鱼"再次扑向骗子一
二人扑倒在路旁的草坪上

"鱼"趴在草坪上用手够钞票
骗子一骑在"鱼"身上拉拽着"鱼"

骗子二走到两人身边捡起路上的钱

"鱼"抬头看
骗子一抬头看

骗子二向两人示意右手中的钞票
二人背对镜头缓慢站起
骗子二再次向两人示意左手中的硬币

骗子二右手中的钞票

骗子二左手中的硬币

骗子二左手执硬币上抛
右手盖住左手

骗子二将钞票递给"鱼"
"鱼"在骗子一面前晃了晃钞票
"鱼"拿起路边自己的东西离开
骗子一背对着"鱼"微笑

"鱼"走在路上翻看钞票
右手摸裤兜，表情严肃
再次翻找自己的上衣口袋，表情凝重
"鱼"向后方望去

灌木丛　外　日景

骗子一左右看看
从裤兜里拿出钱包
打开看看，满脸微笑

骗子一向前走去
看到骗子二时，两人相互击掌

黑屏，省略号

某处小路　外　夜景

骗子二拿着钱走在路上
蹲下后左顾右盼

放下钱离去
钞票躺在地上

剧终　谢谢观赏

| 提问 | 大家整个剧本看完，发现什么问题没有？ |

用文字构建故事情节，确实是挺难的。抛开故事性不谈，阅读起来，也不容易让人理解。

剧本是一个想法、一种思想的载体，但它可能让人较难看懂或理解。

| 提问 | 那怎么解决剧本阅读困难这个问题？ |

这是课程要讲的第一个重点：学习**如何建立一个故事结构**。

3.5　故事结构范例

看下这部剧本的故事结构，用一张图呈现出片子"曲折"的情节。

在图中会列出影片中的角色，**标注发生的事件，结构图清晰易懂**。对于一个三分钟的短片来说是这样，对于一部电影长篇来说也是如此。

一张图可以解决很多东西，所以同学们在未来学写剧本的时候，要学会建立影片的结构，把自己的想法以图形化的方式表现出来，不仅仅是自己看着清晰，也要让影片的参与者、合作者看着清晰。

同学们在现阶段，一部短视频的完成不是一个人就能够做到的。

《钓鱼》这部时长三分钟的小短片，是全组同学做了很多次的"练习"之后，才有的一部"像样"作品，能拿出来给大家看的，都是较优秀的学生作业。

一部小短片让人能看下去，其实是不容易的，大家后面做作业时就能体会到。

当你拍摄的时候，你面临的第一个问题可能是：不知道如何开始，不知道拍什么，你想表达的故事、你的想法可能是"空"的。

影视编导与脚本写作

《钓鱼》剧本结构

一组作

PS：人物构成【● "鱼"、● 骗子一、● 骗子二】

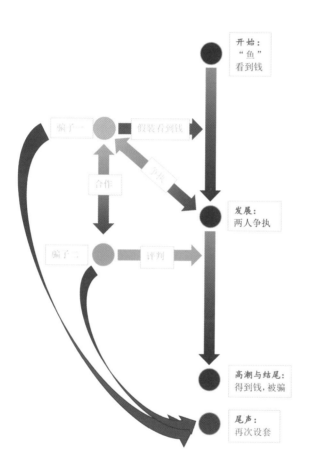

开始：
"鱼"
看到钱

骗子一　假装看到钱

合作　矛盾

发展：
两人争执

骗子二　评判

高潮与结尾：
得到钱，被骗

尾声：
再次设套

3.6　想象力训练

在课堂上，有一个训练想象力的科目：**五分钟想出一个小故事。**

说到做到，老师现在就开始计时，给大家五分钟时间，每个人去创作一个故事。这是随堂练习，可以激发大家的创造力。

有的同学会感觉老师给出的时间太短："没有限制的设计是不存在的"。如果我们现在各组讨论一下接下来要拍一个什么故事，可能会讨论一堂课、一个上午或一天，也未必能有一个很好的想法。

所以，五分钟想出一个故事，开始很难，等你感觉轻松的时候，你就能看到自己的进步。

写故事时，另外一点要想的是：这个故事好拍吗？谁来演呢？

对大家后续创作的要求是：**要写出自己能拍出来的故事。**

3.6.1　创作课的内核

创作课是一门用心感受的课程。

结组的好处就是：未来参演这个故事的"演员"，都是组里的小伙伴，或者是其他组里面适合影片角色的人。

剧本的写作，并不是单线程地码文字。

剧本如不用实践（拍摄）去检验，创作者很难体会到文字转换为画面的过程。 就好像人们学习画画的时候，学习了透视原理，了解了近大远小，看了人体结构和肌肉位置图……当老师讲完后，如果不去练习，不把手磨出茧来，是找不到画画那种感觉的。

何谓手随心动，在一笔一画之间，画出灵动的线条，你的心即刻会感觉到美。

我们写剧本、拍视频要进入这样的状态。

3.6.2　故事的起点

剧本写作这门"古老"的手艺，在当代已经更新换代了多个版本。从最早的短片、电影，到近几年国内流行的微电影，再到现在手机拍摄的短视频。可以说创作的本质和形式都是一样的，剧本的格式、构成并无差异。

形式在变，但内核却不会变。

剧本的创作需要由小到大，从无到有，逐渐去构建。无论拍摄技术怎么迭代，**故事的起点依然是文字形式的剧本。**

3.6.3　完成短视频的技术支持

将剧本拍出来，这是一部由你的同学参演的短视频。

> 他演得好不好？
> 他能不能把你的人物诠释出来？
> 把你的故事思想表达出来？

或者说你的视频，因为是你做的，只有你自己喜欢。

> 你有没有站在观众的角度，找到别人情感的共
> 鸣点，让作品更能打动人？

这些都是创作者追求和要达成的目标。

大家做作业期间，会面临素材处理的诸多问题：通过剪辑手段，将影片呈现出来所需要的技术。老师会在课上再讲解一些剪片子的技巧，帮助大家去更好地做作业。

3.7　故事创作是系统工程

所谓系统工程就是：你作为一个编剧，要会写故事；但你没有去过现场体会拍摄的过程，你可能就没办法更好地理解拍摄，理解团队协作的状态……写出让摄影师理解你"意"的用词。

编剧知识不全面就意味着别人可能看不懂你写的剧本。

如果你不能导一部片子，并把它剪辑出来，那未来你剧本创作就会缺少一个反馈环节，解决问题的方法就是大量地做短视频练习。

我们需要大量地写故事，拍故事，老师需要大家快速地反馈所学到的知识。

例如，这节课上完了之后，晚上就需要开机拍摄。下次上课的时候，老师要见到成片，在课堂上要点评。

作业中的常见问题
不按时交作业
演员表演笑场
缺少机位
故事线单一，逻辑错误
节奏拖沓

所以说拍这种小短片，一是检验自己的剧本；二是可以帮助你去做好编导这个角色。

这是一种快速检验自己创作能力的重要手段。

3.7.1　镜头语言的学习

关于镜头语言方面的学习，老师问了几位同学，他们对这方面的概念多少有些接触，这很好。这对实训课来说，就省了不少事儿。所以很期待各位同学和各小组接下来的表现。

在创作课程中，老师还会通过解读短片，加强同学们对镜头语言的理解，对编导类专业涉及的基础理论进一步学习和实践。

3.7.2　避免分工不明确

同学们在分组做短视频时，根据老师以往的教学经验，常常会遇到的一种情况是分工不明确。组长创作的剧本，组员不去讨论。

你的同学参演、筹拍的过程中，你无事可做。

对于剧本的创作，你不能提出想法；或者说你没有想法了，干脆就不去参与。

这样会导致各个组的进展缓慢，完成不了教学目标。

我们的课程要求：在不同批次的短视频作业中，做摄影的同学和做导演的同学，要跟现场做视频花絮记录和剪辑的同学进行轮换。

让每个人在各岗位上都得到实践和锻炼。

3.7.3　花絮作业

视频花絮记录，也是要剪辑出来的，要添加上字幕。大家练习用手机 App 完成这项作业。

剪辑花絮可以训练镜头感，还有组织镜头语言的能力。

同时，花絮又是承载乐趣的载体，像一个收集"快乐"的"容器"。把它"充满"后再呈现出来，"笑果"无穷大。把大家拍片子的过程真实地还原，这将会是一份珍贵的资料，也是一份回忆的"宝藏"。

很多次，为花絮加上字幕之后，就变得趣味横生。可以说剧本创作是正餐，那这些花絮就是甜点，它给我们的学习增加了很多乐趣。

花絮作业的练习很容易做，用一些快节奏的音乐、一两个镜头，就能够让画面生动、趣味十足。

出彩的花絮和字幕的配合，训练的是创作者组织画面的能力。编剧要想进步，要学习的一个重点就是**组织画面的能力**。

下面分享一个小花絮，这是使用手机来剪辑的 (19−2 学期数媒班二组、十组)。

所以说，**学习过程中工作量是很大的。**

在这两周学习的过程中，要抓紧一切时间完成视频作业。只有两周时间，要出成果，还要让大家理解短视频的剧本，掌握创作要领，其实对所有人来说，都将是一个考验。

也许，大家会在电影或动画片的花絮里看到这样的画面：导演示范表演，或者动画制作者会把要做的角色自己先演出来。尤其是动画片的幕后，这种"先演再做"较为常见。根据自己表演的画面，再去进行人物、动作的加工变形。

例如，你画人体、画表情，不必每次画画的时候都去找大量的参考。你画一个生气的人，自己先做出一个生气的表情，然后提取五官上的要点，进而夸张、变形完成创作。

艺术是身体力行的"修行"。就短视频制作而言，不仅仅要训练我们的眼界，更要磨炼出手感。你眼界提高的同时，也要能按照剧本完成拍摄，这点也很重要：手头上的"功夫"一样要跟得上。

写剧本要有一种体悟：对角色、对人物、对性格，有感、所想，借助故事编排的技巧呈现到位。

3.8　优秀短视频作业之二

下面看一下这个班 (19-2 学期数媒班) 二组的一个作品。

剧情简介

　　家庭条件并不优越的主人公，经常请朋友吃东西。**大家以为她的父亲是一位"大人物"，特别羡慕她。**她也从来没有否认过这一"虚拟"的身份。

　　主人公的父亲实则是在附近的学校做保洁工作。一天她和同学外出，遇见父亲。因为几个年轻人乱扔垃圾，父亲与他们起了争执。

　　她认出了父亲，父亲并没有看见她。同学看她发呆，劝她不要管闲事，拉着她走开。**那边的争吵声越来越大，还动起了手。**

　　主人公哭着冲着父亲跑去……

了解了剧情，老师找位同学说一说。

对，那位同学。

已经开始抢答了。

| 提问 | 这个片子，对你有没有一些触动？ |

有的。

| 提问 | 具体说一说，故事中哪个点让你印象深刻？ |

主人公跑向父亲这段，结尾的反转。

好，说得很好。

敢抢答的同学就是不一样。

3.9　课堂小妙招

老师教大家一招。

如果老师提问，你不知道怎么回答时，**先别着急，淡定地坐一会儿**。即便老师点到你，也要等一等。有可能在你后排的那位同学，他 / 她会站起来帮你回答。

这门课程刚刚开始，老师暂时还叫不上每位同学的名字，所以淡定可以"躲开"提问。

因为老师手一指，常常是一个大的方向，咱们班这么多人，同样一个方向的座位上有不少人。**能避开提问也是一种演技的训练**。

3.9.1　构图练习（相机）

每节课都会找一位同学，拍一些现场的照片。下次课，老师会点评他 / 她的构图。**照片的构图水平提升了，视频取景的美感会得到很大的改进**。

这是咱们的一个训练科目，争取每天有内容补充到这一环节中来。

下图中的照片，都是上期课程中同学们拍摄的。

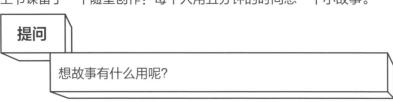

提问

单反的机器怎么使用呢？

把相机带子缠在手腕上，保障机器的安全。等拍熟练的时候，取景框就可以不用再看了。初学者拍东西，习惯大景别；我们现在要多练习中景、近景，尽可能近距离完成拍摄。

注意对焦。**把焦点对上，按快门键才能完成拍摄。**

3.9.2　五分钟想一个故事

上节课留了一个随堂创作：每个人用五分钟的时间想一个小故事。

提问

想故事有什么用呢？

写剧本这项能力的提高，不能仅靠老师提供的案例。

老师准备的教学案例，其实都是别人的东西，或者是老师自己的东西。接下来的课程中，老师会用大家自己创造的故事指出你的问题，并给出解决方案，**使问题和解答能够更贴近同学们的状态**。

你可以试着做出一个成品，可能中间会出现各种问题。老师在纠正问题的过程中，大家自然而然就成长了，获得了进步。同时，这个案例还可能成为我们拍摄的大作业故事，是自己的作品。

第4讲 随堂创作

　　很多时候，创作故事就是一瞬间的事情，创作必须要有所限制，给自己一定的时间，期间必须要写完一个故事，这样才可以完成第一步的创作。如果还有困难，可以尝试用关键词写出故事。

　　大家写出自己的短视频剧本之后，对照本节课所列举的"随堂创作"示范，从剧本格式，再到用词，重新修改和规范自己的剧本练习。虽然创作的内容有别，但初学者所遇到的问题常能有所借鉴。

　　短视频的剧本创作离不开场景。影片中的人和事，以及所发生的事件，都是在一个具体的场景中。所以写剧本时，落笔的第一行就是确定场景。

　　脑海中要带着场景，尝试着开始自己的创作。

4.1　关键词故事

　　副班长旁边的那位同学到前面来，大家掌声欢迎一下。因为故事创作是很隆重的，掌声要热烈。在黑板上把你的故事用几句话提炼出来。

用关键词写出你的故事。

老师再找一位同学（主动上来一位男生）。

先讲你的故事……像刚才那位同学一样，提炼关键词并写出来。

老师再找位同学。

找个淡定从容的吧！刚才那位抢答的女同学，旁边的。你上来吧，掌声欢迎！

很多时候，**创作故事就是一瞬间的事情，想想那些让你很难忘的**……

你这个故事，不太好拍。

先写出来吧。

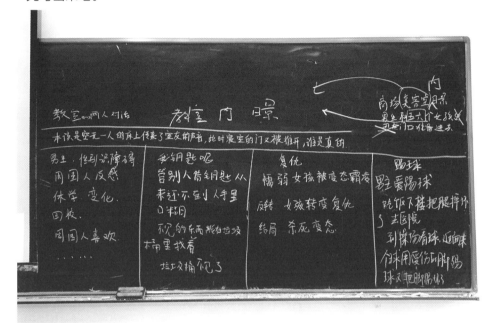

你看，刚才走过来的时候，还没有故事。而到了讲台上就能讲出来了。所以说，讲台就是一个神奇的地方：**这是一个可以产生故事的地方。**

……

找了五位同学上来，把刚刚课下构思的故事以一种简洁的关键词的形式提炼到了黑板上。我们看一下这几个故事。

4.1.1　故事一：性别障碍

这位同学的故事提到一个词：男生的性别障碍。要把这个人物特点讲清晰，需要一系列的具体事件。

提问	怎么表现他有性别障碍？

光写出这个名词，影片是没法拍的。**创作者需要做大量的案头工作。**

从一个你并不熟悉的领域里，找出表现人物特点的具体事件。然后，再将真实案例糅合进自己所创作的故事中，这是故事创作的一个流程。

不管创作者自身对主题熟悉与否，都需要重新学习，下足功夫。

写下一个关键词，脑海中需要有具体的画面来呈现。老师请一位演员上来配合你。

提问	如何用具体的事件来表现你的故事？

来，这位男生有请，你站在窗户的位置。

提问	演员在这儿呢，告诉我你想怎么表达？

给你五分钟的时候，你们沟通一下。

4.1.2　故事二：爱踢球

踢球这个事件，需要一个起点。你们小组也讨论一下。

提问	如果你作为导演，这个故事的开始镜头，我们从哪儿拍？

在写剧本时，脑海中要有画面，而不是写完就完了。

提问	爱足球的"爱"这个词应该怎么表现？

……你看，你们都回答不上来。

提问	想得怎么样了？有没有具体的事情？

具体的事情需要创作者自己来定，你问老师，老师给完你答案后，并不代表你学会了。

| 提问 | 你们俩聊半天了，聊出什么没有？ |

还要再想一下。

你们先讨论着，大家看一下，剧本的格式应该怎么写。

4.2　剧本的格式

影片中的人和事，以及所发生的事件，都是在一个具体的场景中。所以写剧本时，**落笔的第一行就是确定（写）场景。**

| 提问 | 场景的格式是什么样的？ |

我们一起看一下。

4.2.1　街道

| 提问 | 街道　外　日景，这句话是什么意思？ |

就是这场戏要在街道拍摄。街道属于外景。这场戏要白天拍，就可以这样写。

4.2.2　教室

| 提问 | 如果你在室内拍的话怎么写？ |

例如，室内拍教室中两个人对话这场戏。

应该这样写……来，这位同学你写一下。

给你一点提示：**教室是内景，要在白天拍摄。**

教室　内　日景

按照这个格式，每个场景的写法都是一样的。

两人对话要另起一行再写。

4.2.3 具体事件

老师问一下那边排练的同学，看看他们对于自己故事中表现性别障碍的具体事件，是否商量好了。

提问	讨论得怎么样了？事件发生在哪个场景？

写在黑板上。

4.2.4 商场

"商场"之后没有任何标点符号。

商场美容室

提问	美容室是什么意思？

"商场"的后面不是让你接另一个场景，你这场戏是夜景吗？还是日景啊？

提问	然后发生了一件什么事儿？

这要由你自己来定。

请回，先排练到这里。

刚刚老师看了一下，排练并不是很流畅，**不能边排练边商量，那就不叫展示排练了**。

老师就借你创作的故事开篇，往下讲。

1. 准确用词

这里有一个比较明显的问题。

"五六个"这个词不准确。是五个就是五个，是六个就是六个。因为只有准确了，前期在调动演员的时候才会说：我找五个人跟我一块儿拍戏。

如果你说，我找五六个人一起拍戏，给人一种不确定的感觉。

所以，用词一定要准确。

2. 理解的偏差

你在黑板上写的这句："出现在门口准备进去"，有很多种解读，我们一一来看。

可以理解为，这几个人出现在商场的门口，准备进去。

也可以理解为，这几个人已经在商场里，准备走进美容室。

这就造成理解上的困难。

如果剧本这样写，没有人知道创作者到底想到哪里去拍?

导致这个问题的主因就是：两个场景（商场和美容室）重叠了。

"出现"这个词可以删掉，它有突然发生的意思。如果是流星，出现很恰当；如果是几个朋友逛街，在很休闲的状态下使用"出现"并不合适。

在"准备进去"这半句话中，"准备"是一种预备动作，这是无法拍摄的。我们换一个说法，例如"推门走进了美容室"，这就成立了。**因为，这是一个具体的事儿，有一个具体的动作。**

上面是大家第一次写剧本时，在格式和用词方面需要注意的问题。

4.2.5　场景要顶格写

人物和动作，要空两格，这样页面会显得整洁。

黑板上的剧本格式，与平时写剧本用纸 (A4 纸) 的页面，感觉是不太一样的。

大家记住：场景要顶格写。

黑板上的另外三个故事雏形：《复仇》《我钥匙呢》和《谁是真的》。我们就不逐一展开讲解了。通过与几位上来板书的同学交流，发现大家故事的共同问题就是：**剧本仅是文字的描述，人物没有具体的事件和动作。**这些待解决的问题，我们先暂缓，留在后续的课程中逐步"攻克"。

4.3　优秀短视频作业之三

看一个上个班 (19-2 学期数媒班) 九组的片子。

剧情简介

专科毕业的主人公面试屡屡碰壁。找到工作后认真、努力、踏实，虽受同事们的排挤，始终任劳任怨，终获得认可……

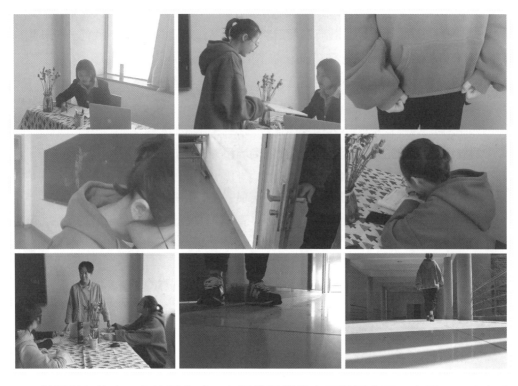

　　场景是在教室一角拍摄完成，九组的同学搬来了道具桌子，布置了一个办公环境。场景虽然简易，画面也略显粗糙，但创作者的用心、尽力，观众能真切地感受到。

　　这是一部诚意满满的学生短视频作业。

4.4　写自己的故事

　　接下来用十分钟的时间，大家把刚才构思的故事写一个开头。

　　在纸上写，老师一会儿要修改大家的剧本格式。

　　下面打开一个剧本，给大家示范一下。大家参照它的格式，写自己的故事，自己刚才五分钟想的那个。

《画家 LEE 的奇幻漂泊》

街道　外　日景

空镜，画家入画
双手持相机举到眼前

对着街道上的景物拍照
俯拍，天桥栅栏的间隙中街道上的画家

街道上的画家向纵深走去

天空的大雾
天桥上面空无一人

天桥　外　日景

画家站在天桥的台阶上
抬头看见天桥上站着一个姑娘

他微笑，手扶栏杆上台阶
走上天桥的平台

姑娘转身离去
他跟在姑娘身后

画室　内　夜景

画家面向快要完成的肖像
姑娘在他的身后

双手向上伸展，身体贴近画家的背部
他们面向镜头

姑娘右手持住画家手中的画笔，向镜头前缓缓靠近
画笔点在肖像的眼睛的高光位置

画家微笑，姑娘缓缓后退出画
姑娘快步走向肖像的后面，消失

画家完成画作
轻出一口气，微笑

咖啡馆　内　日景
画家在吧台里拍照，工作人员提醒他
服务生：不好意思，这边不让拍照
画家：好的，很抱歉

画家离开吧台，低头看画右，愣住了
他看见姑娘坐着椅子上

4.5　修改剧本

刚刚大家奋笔疾书的时候，老师用手机拍了几张照片。随机选取，排名不分先后，咱们一起看一下。强调剧本格式的规范和用词的准确，将会贯穿我们课程的始终。

我们课程的拍摄工具是手机，课堂上也能随时用它"截取"同学们的创作思路，投影到大屏幕上跟大家分享。智能手机作为现代人最重要的工具之一，其便捷性永远是用户最关注的。各种功能都向更加智能化迅速迭代，看来有一天制作电影，光凭想象力就能实现的时代已经不远了。

在我们的课程中，**将训练大家的创造力和编故事的能力**。这种能力是大趋势的需求，是未来的前沿"地带"，是不可替代的；需要同学们一起努力，提升自己。

4.5.1　修改剧本之一

这位同学剧本第一句话就不恰当，见括号中的内容。

提问

什么是"路并不宽敞"？

没法找到这个场景，因为这个场景太不常见了，也太常见了。

老师的修改意见，刚刚想到的画面是：路上有两个人，两人快碰面时一人侧身，让对方先过去了，这可以称之为"路并不宽敞"。

或者说一辆车缓缓驶来，对面走来人往旁边站了一下，车过……能表达"路并不宽敞"这个意思。

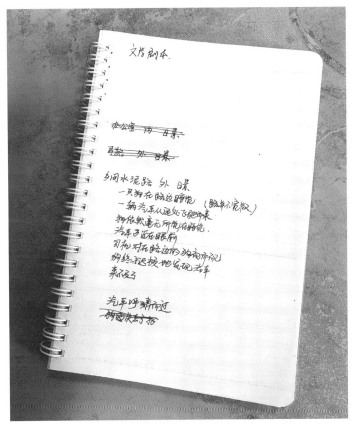

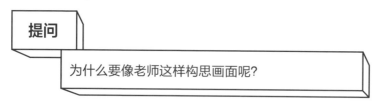

提问

为什么要像老师这样构思画面呢？

只有画面具体了，将来你在拍摄的时候，才能够提前安排人、车、景。

路上可能偶尔会来辆车，但他不可能会听你调度，路上偶遇的人也没有义务配合拍摄。**要让剧本的设定成立，都是多次排练的结果**。

这是关于"路并不宽敞"的解释和修改意见。

我们往下看，"依然"这个词可以删掉。"毫无所觉"已经可以说明这个意思了。两个词重复，只用一个即可。

再往下看，"毫无所觉在睡觉"。"毫无所觉"也可以删掉了，如果此时狗在睡觉，就是毫无察觉，在剧本中用词要精简。

汽车近在眼前。

"近在眼前"多用于与人相关的形容。你可以写车与狗之间的距离接近，不要近在眼前。

"司机对在路边的狗视而不见"。

"视而不见"这个词，是文学描写，是小说中的语言。我们用"车没有减速"这个动势，就能把这个意思表达清楚。

"狗终于迟钝地……"将"迟钝地"删掉。

要把"呼啸"这个词删掉。剧本里不能有这些形容词或副词，**我们不要对事件进行陈列，而是要有具体的动作**。

4.5.2　修改剧本之二

这是哪位同学的？起立老师看一下。

请坐……

看《三个人的友情》中，"下课回寝路上"。这个场景信息量太大：路上就是路上，**寝室就是寝室，下课就是下课**。

场景是词而非句子，不要用复合型的，可以把它分解开来。

场景：教室；事件：下课。

同学们起立往教室外走。

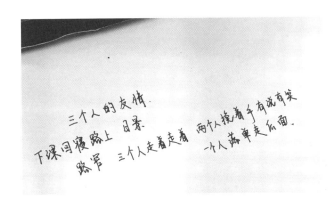

再看"路窄 三个人走着走着 两个人挽着手有说有笑"这句话。

这个"走着走着"重复，"走"就可以了。

"有说有笑"，演员没法演，因为他不知道要说什么？笑什么？**说和笑的内容都没有给，不能全凭演员自己去发挥。**

你可以这样写，同学说他过生日时经历的那些好玩的事儿，谈到暑假旅游的见闻。有说有笑太概括了。

"一个人落单走后面"，"他走在后面"就可以了，"落单"删除，它不是一个动词，虽然看起来有点像某个动作，但并不是。

这是关于这位同学剧本中的问题。

4.5.3　修改剧本之三

这是哪位同学写的？起立老师看看。

"水果店 外 日景"，这是准确的描述。女生买水果没带钱，手机也没电，向朋友借钱。

这么写可以，但有些小问题。水果要说具体，例如，主人公吃榴莲……买什么水果也要具体。

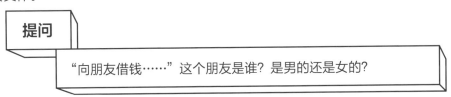

提问

"向朋友借钱……"这个朋友是谁？是男的还是女的？

要写清楚。因为你不写清楚，这些人不会现场给你"变"出来。你肯定得提前找好。**在剧本中写清楚，顺利完成拍摄才会有保障。**

水果店 外 日景.

女生买水果 没带钱 手机也没电. 向朋友借钱.

付钱 走出水果店.

摔倒. 膝盖流血. 致手机屏幕裂开.

水果放进自行车车篮里.车篮摇摇晃晃坏掉.水果掉一地.

你说："没关系啊，老师，我这个是小短片，要求不高，是作业练习……而且是在学校拍摄，熟人多。我到时候现场看谁在，我找谁。"如果说一个剧本里那么多事儿，你都这么安排的话肯定会乱。

咱们把事件写出来的目的，就是为了能够更完美地实现我们想要的结果。

因为我们想要的东西经常是求而不得的，需要我们全力地付出，才有可能实现。

"付钱走出水果店，摔倒"，谁摔倒？这块儿交代得不够清楚。

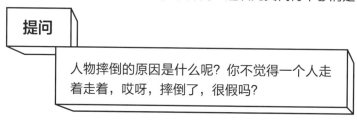

要事出有因。摔倒，需要有一个因为……所以……。

就"摔倒"这个动作而言，也需要动作设计。往前倒，往后倒，侧着倒……需要想清楚，不能让他为了摔倒而摔倒。

再看这句："膝盖流血，手机屏幕裂开"。

让人物"流血"，你现场就得准备红药水或者是创可

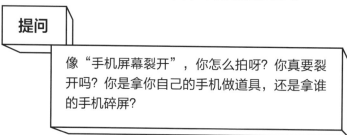

所以说，没有想清楚就写出来，显然不太合理。其一，咱们的拍摄不是大制作，老师不会给你拨款；其二，手机摔坏了，那就是真坏了。

这里的一个情节需要考虑："水果放进自行车车篮里，车篮摇摇晃晃坏掉，水果掉一地。"

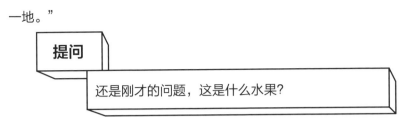

比如说五个苹果，两把香蕉，都要比你现在的写法更好一点。

4.5.4　修改剧本之四

这是哪位同学的？老师看一下。

结合今天所讲的，现在大家对剧本格式的掌握都是可以的，有这种场景的概念了。

"女生躺在床上玩手机。"

"玩手机"太含糊其辞，那你跟我说她在玩游戏，还是在买东西（购物），要具体到手机画面的内容。

在这场戏中，结合下文，她应该是看电影。

"手机屏幕上是恐怖电影"，**电影也是一个非常抽象的概念**，这里应该是结合刚才在课上讲的故事情节，把播放的电影内容也写出来 。

例如，我现在打开手机，组长已经把电子版的通讯录发给我了；我开始点名，那个谁来了没有，来了……

接着，我就念另一位同学的名字。这样就有了"点名"这个具体的画面。

看的是什么电影，课后要补齐。

4.5.5　修改剧本之五

这是哪位同学的？

"小道上拉到夜空，空镜头"

那你不要用"拉到"，就直接用镜头语言：由小路上的一棵树缓摇到夜空。

"拍街道"要删掉。因为此时的场景就是街道，不用添加说明再次强调，大家都知道这是在场景中。

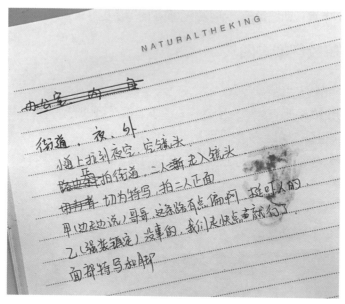

看你的下文，给出二人的关系，是哥哥与弟弟。如果看剧本确定人物需要靠猜测，就是写得还不够准确，剧本写完了找朋友和同学看看，这也是验证剧本的一个方法。

"走入镜头"，把"镜头"删掉。如果二人从远处走过来，就已经有走进镜头的意思了；如果拍两人往前走，改为"两人入画"，即走入镜头的意思。

所以，你写的这句话的意思，让人有点难以确定其方向。

"切为特写"，像"特写"之类的镜头语言不要有。编剧如果懂得拍摄，懂得剪辑，不是体现在用文字指导拍摄上，是要心里明白。当我们写剧本的时候，把所发生的事写好就行，**摄影师不需要别人告诉他这是特写，那应该是中景。**

就好像你做饭的时候，或者说你在干什么事情的时候，一个人在你身边说：你得这样，那样……

我们写剧本时不要这样。作为艺术工作者，把你自己份内的事情干好，特写让摄影师去找。

"甲（边走边说）"，在剧本里不要用甲、乙，用称谓（哥哥、弟弟）都要比甲、乙要好。

哥哥边走边说："这条路有点偏啊，挺吓人的。"

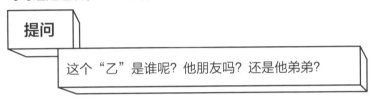

提问

这个"乙"是谁呢？他朋友吗？还是他弟弟？

如果是主人公的朋友，那就要给他起个名字，比如说小明。

"没事的，我们走快点就行了，面部特写和脚"。

这句话可以这么写：把"特写"删掉，哥哥不断地扭头看后面，快步走。这就是具有特写镜头的剧本写作，**因为哥哥扭头要用画面呈现出来，必定会给特写；**快步走，拍摄脚部也必定会有特写。

就格式和用词问题，刚才老师改了几位同学的剧本。

我们课上有一个比较重要的环节，就是要改大家的作业。今天说的这些问题，都是剧本写作中的常见问题，咱们今天也都遇到了。

同学们按照刚刚老师所讲的问题，修改一下自己写的剧本开篇单元。

第5讲 大作业与影片解读

　　本节课将会解读两部影片，一部是在黄山拍摄的短视频；另一部是商业短视频广告片。从专业性方面讲，两部短视频没有可比性。毕竟一个是专业级的；另一个是实践性的，仅能做到有模有样。

　　但人物的成长、角色的设计、视频的节奏、故事的铺垫……都是相通的。正如笔者在影片结构分析中所谈到：与主人公无关的成长可能无法打动观众。贴近大家生活的短视频创作，更能贴近我们的创作状态。

　　在比较中学习，在学习中总结。一部影片就像是一台精密运转的机器，每个段落都有承上启下的功能，为了能够实现结尾环节的戏剧高潮，环环相扣，发挥着递进情感的作用。

5.1 短视频实践

　　现在看一个大作业：这是在黄山和同学们拍摄的短视频。

　　为期十天的实践：在黄山，看景、编剧、拍摄，一气呵成。同学们将平日所学，在这个美丽的地方，讲述了一个温情的故事（19-2 学期数媒班：一组、六组）。

剧情简介

　　主人公从城里回来，请发小帮忙搬家，收拾一下老宅子。**为了迎接爷爷的到来**，发小叫来了同村的两个朋友，因为听说搬家不是白帮忙，有报酬可以拿，大家都很积极。

　　没想到，老宅并没有家具，**主人公让他们做出假装搬家的样子**，发小一行感觉被"耍"，气得要走。

　　主人公说出实情，爷爷生了病，很多事情都不记得了，一直念念不忘的就是家乡的老宅，总想什么时候能回来再看上一眼。主人公长年外出，多年没有在爷爷的身边陪伴，**想以一出"戏"的形式**，实现爷爷的心愿……

1	航拍，村子；3 秒，大全景
2	一个年轻人（主人公的发小）把木头码整齐；6 秒，全景
3	老宅，房间的门被从里面拉开，走出一人；5 秒，小全

4	主人公搬一把椅子放在客厅，拿手机打电话；2 秒，小全
5	河边，年轻人（主人公的发小）走向一位钓鱼的人；2.5 秒，全景
6	年轻人（主人公的发小）带了同村的两人走过来；2.5 秒，全景

7	一站一坐的两个人，看着主人公笑；1 秒，中景
8	主人公往门口走，去接爷爷；年轻人（主人公的发小）叉腰看墙上的字等他；1 秒，中近景
9	三人坐在村口的路边聊天；12 秒，全景

5.2　大作业的剧本范例

看下剧本的格式：对话简洁，层次清晰，一目了然。

《归家》

暂定名：《爷爷今天回家》

小贾：下午找几个人过来帮忙
主人公：啥事啊

小贾：明天我爷爷回家
　　　　找几个人过来把家收拾一下

主人公：有费用吗
小贾：你先把人聚齐了再说，我这事儿有点复杂

主人公：好嘞
主人公：有费用的事儿都好办

　　　　主人公走到鱼塘
主人公：老井，下午有活儿你去不去

老井：没空，你没看我正忙着呢
主人公：那我问问老钱

老井：什么活儿

主人公：帮人收拾院子

老井：给多少钱
主人公：说是过去谈，好像不是很好干

老井：不好干的活儿，才有搞头，算我一个
主人公：吴大头的院子旁，下午两点集合

　　主人公走到超市
　　老钱正在打麻将

主人公：老钱，下午出工
老钱：几点

主人公：两点集合
老钱：糊了，糊了，好嘞，算我一个

　　喜剧效果的音乐
　　每个人穿过巷子的长镜头

　　三个人来到院子门口
　　递烟、抽烟

　　他们隔着院子看到

5.3　排练环节

各组截取剧本中的一个段落，以"戏剧"的形式表演出来。

目标：体验表演，训练剧情的空间感，建立事件发展的时间概念。

接下来进入排练环节，比如说故事：《我钥匙呢》。

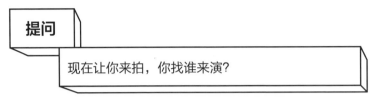

提问

现在让你来拍，你找谁来演？

各组开始分配角色。

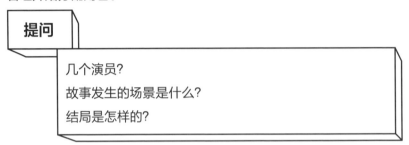

提问

几个演员？

故事发生的场景是什么？

结局是怎样的？

现在，各小组从创作的故事中选出一个进行完善。故事创作不设限，老师给十分钟的时间。

要以能拍出来为准则。

看完排练后，老师再根据你的故事，给出意见和调整方案。

如果你说："老师，我就是没想法，只能出人。"那老师帮你们组去做排练、做设计、做示范。但是，将来老师不可能跟着你去完成作业。

这课程结束了之后，老师也不会对你写的剧本去做很详细的修改。因为，那个时候是需要大家展翅高飞的时候，需要用自己所学来进行创作。

5.3.1　第一次排练

在故事设计层面，每个人都要在故事中饰演角色。

好，开始十分钟计时。

1. 六组

先讲一下故事梗概，然后再开始排练表演。

表演期间只有台词，不要跟老师有任何交流。

上节课的时候，他们的剧本是一些感想，文学的描述。但刚才通过排练，有了一个事件；虽然说，他们还是在现场聊对话之外的话（出戏），但是故事还是发展了。

有场景的描述，有商场，有美容院；有围观的人，有人指指点点，已经开始有冲突了。就照这样，一场戏接一场戏，把剧本完成。

2. 五组

无论是说还是演，要让大家明白想表达的故事，要让大家看懂发生了什么事。

老师给大家做个示范。首先，上来的时候走到台前，说：大家好！我们这场戏的名字叫……

主要演员由谁和谁担任：他们在剧中饰演的角色，也要让我们清楚。

说完了之后，请开始你的表演。

我们要看到连续的画面，中间不能中断。

提问	怎样表现出受到惊吓的感觉？

老师给你做个示范，但课后最好找个参考片看一下，你们的主要问题还是不敢表现。

5.3.2　空间设定

上台后，首先要跟大家说：这是宿舍，这是宿舍的床，这是宿舍的门，那是洗手间。有这样一个表演空间的设定，大家就都清楚了。

在舞台上，要用假设场景，善用空间，不能乱了。

你们组的故事，刚才老师问你们的时候还没有，现在就有了。凡事不拖，要尽快推进，在执行过程中没有的，去做，就会有的。

看了三个组的排练……把剧本写出来和把故事演出来之间的差异是巨大的。**排练和表演可以激发创作者的思考**，就像事情在脑海中预演与执行是两回事。

排练和表演，是对剧本创作更进一步的体悟。大家平时也可以加强这方面的练习，从而更深入地走进剧中角色，触摸故事的核心。

5.4　影片结构分析

在教学计划中，每次上课会看一部短片，所选片子都具有代表性，涵盖的知识点可解决我们在创作环节中的难点、痛点，使我们的创作能有所借鉴。

《每天进步一点点》这部片子中，将着重讲解两个知识点。

- 台词设计。
- 角色设计。

5.4.1　影片的重点提炼

一部影片就像是一台精密运转的机器，每个段落都有承上启下的功能。为了能够实现结尾环节的戏剧高潮，**环环相扣，发挥着增进情感的作用。**

在下面的讲解中，老师不会就影片涉及的各个环节都逐一展开，那样的话篇幅太长，而是会从重点着手，紧扣教学进度，层层深入。

5.4.2　角色设计

在角色设计方面，以《每天进步一点点》励志类短片为例，在开篇要设计出人物的艰难处境。

影片一开始主人公状态较差，是不被看好的。

在结尾的时候，主人公一定是在他最差的环节获得了人生的突破。这样才能够使人物有变化，情节有起伏，实现首尾呼应的戏剧效果。

所以说故事的开头有了，那结局也要在同一时间确定下来。

这样的故事，才能够让观众感同身受。因为，在现实空间内，在现实世界中，这点（突破）是很难的。

不管是想获得学习上的突破，还是想在体育竞技方面强于对手，取得逆袭这一点是非常困难的。

正因为在现实世界不容易做到或做不到，我们才会寄托于一个梦想。准确地说：**编剧就是一个造梦师，它创造一个华丽的可以被实现的梦想，** 让观众获得心灵上的寄托。

一个华丽的梦想需要**故事的开头和结尾，人物必须要有变化。**

就是说，当一个人被欺负了，而且很惨。那他将来有一天，一定要在他最惨的"位置"上，成为所有人众星捧月的那个人。只有这样的反差和起伏，才能有足够的力量引发观众内心的赞许和共鸣。

5.4.3　成功与奇迹

例如，前面同学创作的《复仇》这个故事，结局最好让复仇成功，这个故事才有人喜欢看。如果主人公复仇不成功，这故事可看性就降低了（仅局限于本篇所讲的励志类型）。

还有，另一组同学创作的《踢球》这个故事，他热爱踢球，但脚受伤了。如果影片一开始主人公的脚就受伤了，那他将来一定是用他曾经受伤的脚，去创造了一个奇迹。然后才能够让观众觉得他实现了一个"我"在现实空间中不能做到的事情。观众才会觉得这是一部好片子。

如果在开头和结尾，人物没有变化，一个失败者变得更失败了，这部片子就没什么看头（仅局限于本篇所讲的励志类型）。

5.4.4　主人公要有朋友

另外要跟大家讲的是：我们的主人公一定要有朋友，要有帮助他、鼓励他的人。

准确地说，就像老师与同学们的关系一样：在大家刚刚步入这个校园的时候，刚刚接触剧本创作的时候，有一位老师。

如果没有这位老师，光靠自己摸索的话会很难，学习的时间会变得很长。所以，大家可以从自己上课这个角度置换一下片中的主人公。

思考一下，在本片中谁是主人公的老师（朋友）。

1. 不是教而是示范

老师很认同一位教师朋友的观点：老师不但教你一些东西，而且在学生成长的多个阶段示范给你看。同学们依据示范，尝试着做出来，然后老师根据经验告诉你有问题的方面……

所有人的成长，**所有的进步，只能靠自己在不断练习中去感悟**。

2. 置换到影片中

置换到这部影片中：这个小男孩（主人公）的老师和朋友就是他的妈妈。

提问	他的妈妈能帮他去踢球吗？

显然是不能，同样道理，你写不出剧本，老师是不能帮助你完成这个剧本的。虽然老师有这个能力，但是那是我的成长，与你们无关。

老师所需要做的就是在旁边，在你们无数次耕耘、无数次努力的结果上，告诉你这里可以这样调整一下，还可以那样再调整一下……

所以，**所有学习能力的掌握，都是一种体悟，身体力行的感悟**。

提问	回到影片中，主人公怎么通过这个体悟逆袭成功的呢？

就是他剧中的"老师"（妈妈）说的一句话："再努力一点点，你的教练说你不是很差"。

提问	然后，主人公怎么样了？

马上就去练习了呀，去院子里踢球了。

鼓励的效果就是这么直截了当。

就像在课堂上，给你五分钟的时间写一个故事，说完你就去写了。

就是这样干脆，没有任何绕弯、抱怨和应付。

在影片中，主人公妈妈说完话一回头，发现主人公人不见了，到院子里看到他此时正在练习踢球……就是这样，画面直接给出主人公努力的动作。

不是说老师说完，你也不去做。如果是这样的话，你的成长跟你无关。

与主人公无关的成长一般不能打动观众。 主人公在他妈妈的帮助之下，必须要有所动作。这种鼓励与主人公后续的努力建立了关联，在他实现人生巅峰的时刻，导致他用尽全力向目标发起冲击。

只有这样，才能够让观众觉得很励志。

提问

大家想想，如果一个人在影片中不努力，怎么能打动别人？

因为观众会觉得，主人公的所作所为，没有什么可看、可学的。

相反，如果主人公在千锤百炼之后，依然选择坚持，不就是主人公做到了我们很难做到的事情，然后才会觉得他是我们的榜样嘛！

这个人物，让我们产生了共鸣。

5.5　鼓励的节奏

在影片中，妈妈对主人公的鼓励是有节奏的，呈递进式。

第一次妈妈找球队的教练，得到的反馈是孩子表现平平。

妈妈回家后跟主人公说："我今天跟你们教练聊过了。"

"在这之前，你都不会头球，但现在你能时不时地做到。"

"再努力一点点。"

第二次球队在操场上训练，主人公的腿摔伤了，妈妈给他系鞋带，鼓励他："你就超过你前面的人就好了"。**这是一个鼓励，同时也设定了一个目标，这里将成为主**

人公逆袭的铺垫，在最后决胜的环节，主人公用尽全力超越了他前面的人，走向成功。

5.6　铺垫

铺垫，通俗点说就是埋下伏笔，是影片实现反转的常用技巧。

恰恰是因为操场这个场景的练习，主人公的妈妈给他比了一个手势。此时，手势与"你就超过你前面的人"这句话产生关联，两者的意思等同于画上了等号。

在比赛的现场，主人公再次看到妈妈给他比的手势，然后他超过了前面的那个人，把球顶进了。

铺垫，要一环套一环。 如果前面没有主人公在操场上他妈妈给他做的手势，没有"你就超过你前面的人"这句话，最后他在球场上的突破是不成立的，这就叫铺垫。

第三次，他的妈妈在观众席上给他最后一次鼓励。

铺垫的意义重大。

例如，今天老师要给大家上课，需要提前把 PPT 做好，这也叫铺垫。如果老师没有这个 PPT，没准备好这堂课的内容，课就上不好，就是这么简单的一个道理。

5.7　人物的成长

在角色的塑造上，只有老师的鼓励是不行的，人物必须要自发努力向上。

　　主人公的妈妈在操场上鼓励他之后，在球队下一次的跑圈训练中，主人公努力超过了跑在他前面的人，这训练了他的第一种能力：跑得快。

　　但是跑得快，跟他头球进门，没有直接的关系，还需要训练主人公的头球能力。

　　分析这些促使主人公走向成功的细节，大家需要记住两点：

- 主人公要跑得快。
- 主人公的头球能力要得到训练。

| 提问 | 在影片中，主人公是什么时候开始练习头球技术的？ |

　　是在妈妈第一次鼓励之后。在厨房，妈妈给主人公倒了一杯牛奶放在桌子上，妈妈说："教练说你不是差，只是基础不如别人好而已。"

| 提问 | 之后，主人公怎么做的呢？ |

　　他马上转身去练球，在院子里摆了小罐子，练习踢球击中这些目标。如果没有这个铺垫，没有他在树上挂着球，不断用头去顶的画面……主人公就不会在头球技巧上获得飞跃。

5.8　完美的角色

　　与现实中的人一样，影片中的人物也是有弱点的。例如，这部影片中的妈妈有弱点。

| 提问 | 大家想一下，主人公的妈妈有什么弱点？ |

　　妈妈鼓励孩子之后，会自责，会自我检讨："我是不是在欺骗他"。因为孩子的表

现和教练的反馈是：她的孩子基础差，在球队中表现不突出。

她非常清楚孩子资质平平这一点。

在这种对抗性较强的体育竞技项目中，受伤是很常见的。**她自我怀疑的弱点，才更像是一位母亲**。而不是说，主人公的妈妈只是一味地鼓励："你行，我的孩子，你一定可以。你就努力去做吧，你肯定能超过他们的。"

如果是这样的角色设计，只会让片子落入平庸，因为太假。

人物不丰富，不真实。

恰恰是"有血有肉"的一个人，才更有魅力。我鼓励你的同时，我也会想：我的鼓励是不是真的对你有用？一个自我否定、自我怀疑的人，才是一个真实的人，才是一个完美的人。

提问	什么叫完美的人呢？

完美的人就是有缺点的人。

整个影片中有两个完美的人，也有两个不完美的人。

第一个不完美的人是主人公。他很弱，是球队里最差的一个人。但是他完美的一点就在于：因为他很差，所以他很努力，成为最后的胜利者。

那他的妈妈，也是一个不完美的人。

提问	他的妈妈是一个什么样的人？

他妈妈是一个鼓励自己孩子，追求卓越，希望孩子变得更好，同时也是一个自我怀疑的人。

她的自我怀疑，使她成为一个不完美的人，但是这恰恰是人的本质。

这个角色让观众觉得这个人是一位真正的老师。

因为，她既有她强的一面，也有她不完美的另一面。

这是整个影片在人物设定方面的分析。

人物在影片开头和结尾的设计中，形成了一个巨大的落差。这一点是大家在今后写剧本时要考虑的。

5.9　总结

前面我们一起解读了这部励志类的短片，将角色设计和台词设计这两个侧重点揉合在一起进行了讲解。接下来把刚才所讲的东西细化一下。

开篇一定要起点低，整个队伍在比赛中处于落后状态。

一开始球队就处于领先（成功）地位，励志类的故事就没法讲了。

下图是开篇的剧本片段。

整部影片以倒叙结构、主人公的妈妈在观众席上看比赛开始。球场上主人公摔倒，妈妈看到自己的孩子受伤之后自责，怀疑自己是否是好妈妈……

影片从头开始回答这个问题。

剧本创作

复合型主人公结构：自我怀疑

5.9.1 要有画面支撑

过去时空，主人公在训练时球都顶不着。

对于孩子妈妈的询问，教练说了一些套话……主人公足球基础不好，这个信息就传达出来了。球队训练时，别人都能顶到球，主人公个头最小，身体也不是特别壮。这样，主人公起点低就设计完成了。

剧本创作

起点低

表现起点低必须要有画面，如果没有画面怎么能表达人物起点低呢？

5.9.2　第一次的鼓励

获得第一次鼓励后，主人公很高兴。

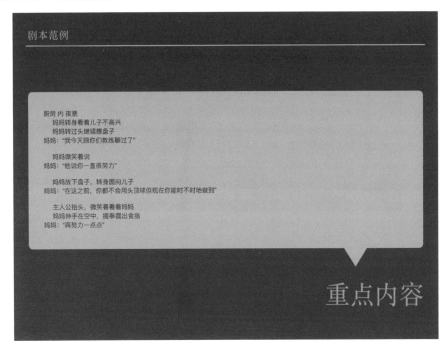

主人公的妈妈一转头。

开始去练习。非常直截了当的努力画面。

5.9.3　自我怀疑加强

情绪是有节奏的，自我否定也随着人物的变化而变化。鼓励孩子与否定自己的做法，是相辅相成的，呈交错式向前发展。

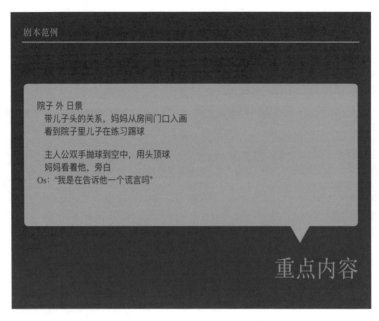

妈妈刚鼓励完，画面就给了一个对比：孩子刻苦训练，但摔倒了，还是很弱！跑得没别人快，还受伤了。老师再次强调一下主人公的弱势，有两个问题。

第一：跑不过别人；第二：头球也不行。

第二次鼓励："你就超过你前面那个人"。这恰恰是为了后面实现人生辉煌的转折点。

5.9.4　自我否定再加强

提问

第三次：我是一个合格的妈妈吗？是在伤害他吗？

你看，就这么一句话，**让角色更丰富，更具有层次感**。如果人物没有自我否定的话，就显得太完美了。

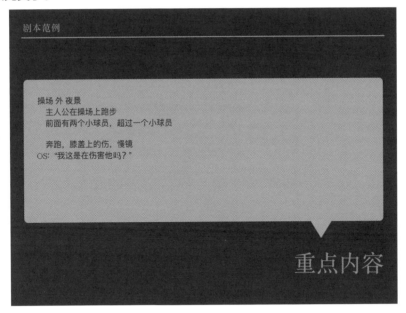

剧本范例

操场 外 夜景
主人公在操场上跑步
前面有两个小球员，超过一个小球员

奔跑，膝盖上的伤，慢镜
OS："我这是在伤害他吗？"

重点内容

5.9.5　一个成长的过程

与现实世界一样，在影片中，主人公的努力也有一个过程。**从人生的低谷，再到努力改变现状，最后到努力成功**。这是一个人物完整的成长过程。

就是说，主人公一定要努力。

提问	如果没有主人公具体练球的画面，后面怎么表现他成功啊？

所以"努力暂时无效"的画面也要给：非常勤奋、自发地开始训练；失败不气馁，但还是不能成功。这是为什么？这是一条关于成长的曲线。

没有曲线的波折，故事的情节就会一成不变。

提问	到最后关头了，怎么办？

前面铺垫过了。

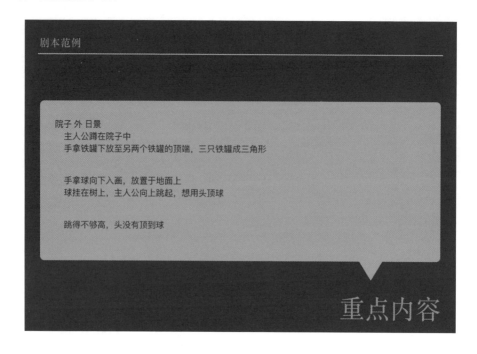

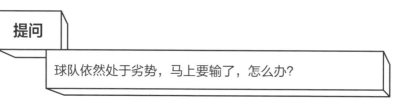

铺垫开始起作用了：转折点出现了。

5.9.6　转折点

球队处于劣势，主人公摔倒，这是一个提示：告诉观众，主人公腿上的伤和比赛的劣势，使主人公陷入最大的危机时刻。

影片有一个明确的转折点，是从主人公与他妈妈的对视开始。

对视，妈妈给他一个熟悉的手势……前面这个**手势的铺垫开始叠加，产生作用**，转折点成功建立，整部影片从这里走向高潮。

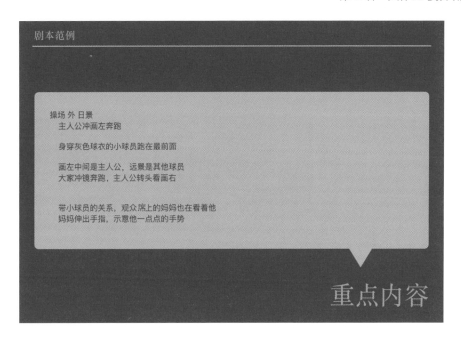

5.9.7　努力超过你前面那个人

努力超过你前面那个人，加油、加油……挫败了，再努力，不断向着目标发起冲击……高潮时的画面是非常激烈的。

终于，主人公超越前面的人，并头球破门。

球进了。

老师把整个影片结构又分析了一下，这是励志类的故事结构，供大家参考。

5.10　排练情况

1. 二组

用老师新讲的知识点检验一下自己组的故事。

> **提问**
>
> 首先问一下，你们的故事中，开头、结尾人物有没有变化?

人物没有变化，这个故事是不好看的。

你的剧本设计，主人公开头是一个特别邋遢的人。

> **提问**
>
> 后来改过自新了，改好了是吧?
> 那她的朋友是谁?

先想一想。

2. 一组

你这是一个事件，不是一个故事。生日给惊喜是一个事儿，它只能成为故事的一部分。

提问

人物在开头和结尾有什么变化呢？

结尾时，他还是他。

不是要心情……**心情变化不能成为变化。**

你需要一个事件，例如，他更努力了，或者说获得奖学金了，你都没有。

你惊喜只能成为一个事，只能是他的室友不忍看他颓废下去，给他的一次激励。但他受到激励之后，人生要有所改变，这才能成为一个故事。

你不能让他和所有室友都是朋友，故事中的主人公没有困难、没有问题、没有敌人。你所说的是倒霉、是意外，那不是困难。

咱们创作的故事里面要有一个困难。

这个困难是要人为引起来的，例如，四个小伙伴里面，有一个人跟他特别不好。你不能让四个人都跟他挺好的，**这样千篇一律的设计，故事就没有看头。**

要有一些具体的人为事件，当主人公做得不够好时，有人是帮助他的，有人是反正不关我事，我没空理你……人物要丰富，不能四个人都是一样的。

再想一下，请回。

3. 六组

六组回答一下这个问题。

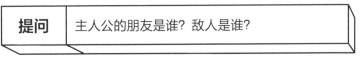

提问 | 主人公的朋友是谁？敌人是谁？

如果有三个人都和他是很好的朋友，这三个人就可以"压缩"成一个人。在剧本中出现的每一个人物要各自有不同的人物性格，每一个人物的安排都是有意义的。

现在，主人公结尾时还是很有变化的。但是，开篇既然设计他是有障碍的，最后他克服了这个障碍，要把这些具体的事写出来。

4. 五组

讨论一下，给个变化，给个结尾。

主人公最简单的一个办法：变精神病了。

这只是启发你：主人公刚开始正常，后来她变得不正常了，这是一种结果。

恐怖片有一个特定的拍法，但其中人物也要有变化。

提问	日本的恐怖片看过什么？

《恐怖录像带》……最后这个人物是不是死了。

对呀，这就是变化呀。

不是因为短片时间短，就不能产生变化。一个人物，在她身上要有一个翻天覆地的变化……有个想法：比如说通过这个事之后她就变得疑神疑鬼的，这不就是人物有变化了吗？

就因为这个事，结果影响学习，就退学了。

由一个阳光的大一新生，结果越来越孤僻，身体和精神都出现了一些问题……

有变化了没有？

几分钟的短视频也要有变化。

5.11　规范和标准

下面讲解作业的规范和标准。关于文件格式的命名需要引起重视。

范例，命名方式。比如说你是第三组，**文件夹的名称就是"03 第三组"**。组长把每个人的作业放在文件夹里面，打压缩包发送到老师的邮箱。

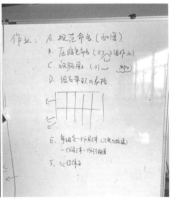

第 3 篇

故事结构与
　　　拍摄练习

第6讲　剧情设计：戏中戏

从本节课开始，剪辑软件 Premiere 开始进入我们的视野中。光拍不练，不自己动手去剪辑，学得会不扎实，就像流程仅走了半程，不能进行一个完整的总结。

大家可以根据课程中的人物关系练习、事件练习、矛盾冲突练习、气氛营造练习等这些小事件进行拍摄学习，借这些主题对短视频的剧情设计加深理解。

本节课解读了一部短视频广告片，视频将原本生硬的广告"柔和"植入，并让观众喜欢。大家所看到的这个故事，其实又是另一个故事的事件，一部摄像机将这两个故事呈现给观众。

这种戏中戏讲故事的模式，非常适合产品类的推广。

6.1　短视频的优势

6.1.1　制作周期短

昨天同学们的作业都认真完成了。

今天开始课程开始之前，老师先回答一下同学们的提问。

| 提问 | 学写剧本，为什么要拍摄短视频？ |

结合老师自己的工作经历跟大家聊一聊。我是从后期环节逐步转到前期拍摄的。

| 提问 | 为什么要转到影片的前期呢？ |

因为在工作的过程中，一部片子的制作周期特别漫长。一部实拍的长篇电影，少则三、五个月，多则半年、一年。长时间围绕一部影片加工制作，对于个人成长来说，过于局限，**因为接触的影片类型过少，很难有突破。**

有一段时间，经常想应该怎么办？如何能在这个行业里做得更好？

要能参与到影片的创作环节中，而不仅仅是围绕着影片的加工制作环节转。

影视的后期环节，工作量大，重复、烦琐，创造性较弱。

后来在前期的故事板设计上，也就是分镜头，想找到突破点……最初的定位是动画片的故事板。因为好朋友都是做这块的，接触和学习这方面的资料较便利。在实际的应用中，分镜主要用于广告片的提案，如下图所示，这类片子篇幅短小，周期短。

在工作中画过一些故事板，在实现的过程中，需要多位动画师配合，完成一部作品的时间周期很长。相当于今天设计的一个想法，可能四周或几个月之后才能见到成片。

完成一次故事设计的检验特别漫长。

老师就想，如果有演员来演的话，那不就更快了嘛！

然后，就在接拍广告片的过程中，接触到前期拍摄环节。

不管是前期拍摄三维动画片还是企业宣传片，本质上都是影视创作，拍摄视频与制作动画是换了一个平台，换了一种表达方式。

6.1.2   直观反馈学习效果

如果说在两周的课程中不去拍摄短视频。老师觉得光凭文字的剧本，很难看到大家的进步。老师授课的时间有限，大家的时间也同样宝贵，课程安排又特别紧张，所以需要一种快速检验大家学习效果的方式。

拍摄短视频作业，就是行之有效的一种方法。让老师在大家成长的过程中看到成果，非常直观，然后给出建议，提供支持。

6.2   回答问题

6.2.1   打戏怎么拍

昨天一位同学说：打戏，不太好拍。

在上学期给数媒班上课的时候，做过一次打戏的示范。今天会把这个案例与大家分享。

提问

打戏的拍摄方法有哪些？

老师看了同学们拍摄的画面，大家拍的时候，没有方向感，下图中所示的机位，放在挥拳人的身后，镜头单一。**应该再给一个正面机位，有一个挥拳的动作。**

挨打的人，需要把被打的动作做完整，画面才能剪到一块，这里拍的效果有点假，都穿帮了。镜头的剪辑技巧，也是下面要讲的内容之一。

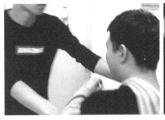

这是昨天课后同学们的提问，老师在这里进行解答。

6.2.2　交作业时间的调整

说一下昨天的作业情况，各组都拍了，拍得都挺用心。

演员们的表现可圈可点……老师早上看了邮件，有的同学作业交上来的时间很晚，也看到了大家提的建议，希望适当延长交作业的时间，这个建议符合当前上课的实际情况，那就把交作业的时间往后调整一下。

交剧本作业的时间还是晚上八点；交拍摄视频作业 23 点之前发到邮箱就可以。

6.3　使用剪辑软件

剪辑软件 Premiere 的使用是今天要讲的一个重点，要把大家拍摄的素材连接起来。

提示：具体操作请观看第 10 讲的教学视频。

通过后期处理这个环节，我们会找到前期问题的解决方案。

大家拍摄的问题得到纠正后，在下一次的拍摄中就会有所改进。

如果前期设计好的话，剪辑就会变得相对容易。**在时间线上，把我们拍摄的素材像堆积木似的逐个排序。**

6.4　点评作业

这组同学拍摄的内容：主人公晚上打游戏时，大声喊话，影响到宿舍其他同学。第二天，舍友找她谈话，希望她能改进……

6.4.1 人物关系练习

主人公拉着行李箱进宿舍，晚上不睡觉玩游戏……

第二天舍友们谈起此事，等主人公回来一起跟她反映这个情况：影响大家休息了。大家第一次拍摄，完全按照剧情发展的顺序进行，所以很好剪辑，我们在剪辑软件中就把这些镜头做一个连接，影片基本就完成了。

后面主人公的改变，老师就不再给画面截图了。

二组拍摄的镜头挺全的，完成了舍友之间关系的建立：主人公的问题、找主人公谈话前的准备、主人公接受大家的建议、尝试着去改变……按照这样的思路，在剪辑软件的时间线上把这些镜头连接起来。

镜头顺序的调整和短视频时长的控制，需要大家自己去做进一步的完善。

6.4.2 事件练习

下面看一下一组拍摄的素材。

 提问

视频内容是把捡到的一个包洗干净是吧？

一个完整的事情经过，这个事件练习的作业完成得不错。

在剪辑软件中没有调整它的顺序，就是按照事件发展的拍摄顺序把镜头连在了一起，通过两个示范，大家会发现剪辑并不难。

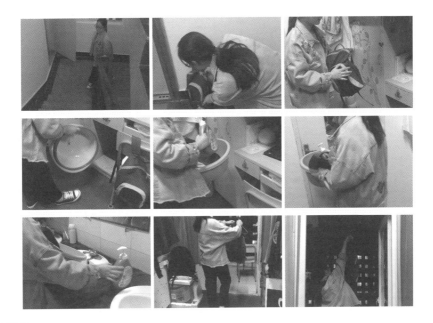

6.4.3　矛盾冲突练习

下面看下三组的作业：这是一个打架的事件。

提问

两个镜头就拍完了？

跟其他组比起来故事性有点弱了，而且就一个机位拍摄，所以没法剪辑。

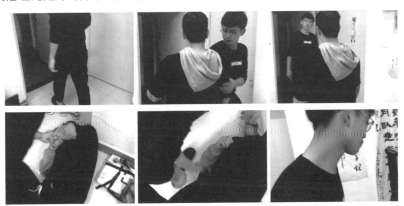

要像刚才老师演示的那样，一是：施暴者要有一个挥拳的动作，要给镜头；二是：要给受害者镜头。

提问

像这场打戏怎么拍？

摄像机的位置分别放在两人两侧的对角线上。有施暴者面向镜头打拳的动作，也有受害者面向镜头倒地的动作。**一个动作最少拍两遍，才能完整呈现这一事件。**

6.4.4　事件练习

第六组的视频是画画。画画这个视频和机位过于单一。

如果咱们拍不出一个完整的故事，就把一件小事（事件）的完整过程拍出来。

6.4.5　气氛营造练习

第五组的这次作业画面氛围处理得很好，让人感觉眼前一亮。对这种恐怖气氛的把握，对人物将要面对"意外"事件氛围的营造，可以说是到位的，尤其是这种光感。

演员看手机，拍摄者给出了非常具体的画面，观众也看到了。

合格作业的衡量标准：你的视频作业，故事可能没讲清楚，但是你把完成一件事情的过程给拍出来了；一件事情你拍不出来，但你能把氛围拍出来，这就是一次合格的拍摄练习。

就是怕视频播放的时候，感觉什么都没有。

6.5　重点内容概述

下面要讲解四个知识点。

6.5.1　机位的设置

第一个分析一部优秀的学生作业，以镜头"顶视图"形式，分析这场戏的机位设计。

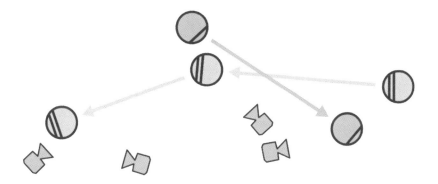

6.5.2　戏中戏的设计

戏中戏的设计是要讲的第二个知识点，故事中嵌套另外一个故事。解读《拍片现场》的故事结构。

这部片子也适合成为各组排练的参考，等一下咱们分组选取排练的片段。

6.5.3 反结构与喜剧

第三个知识点，前面我们学习了主人公要成功的故事结构，今天会看一个与之相反的故事《不相信梦想》。

如果主人公结尾成功是"正向结构"，今天要了解的叙事方法就是"反结构"。

昨天下课，正好有位同学就主人公结尾成功的这种叙事方式提出了类似的问题。

他问的正好是今天要讲的。

1. 用梦想开篇
2. 设定目标：主人公起点低
3. 努力
4. 幻想
5. 困难：诱惑
6. 自问自答：认怂
7. 努力加强
8. 幻想加强
9. 努力加强（III）
10. 努力加强（四）接戏
11. 幻想加强（II）
12. 逻辑设计：钱从哪里来
13. 困难：诱惑II
14. 最大的困难（诱惑III）

重点内容

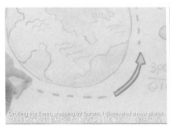

6.5.4　叙事结构

故事的大结构主要有两种：主人公成功了；反之，主人公失败了。

如果我们以此为基础，对其进行补充。通俗化的讲法：人物由失败走向成功，这是走向人生巅峰的一种叙事方式；人物由失败走向死亡，这是走向人生低谷的一种叙事方式。

在成功与失败之间，还存在第三种结构，就是人物命运的结局不是故事重点，着重讲述人物经历（过程）的一种结构，就像今天要讲解的戏中戏。**主人公结局是失败还是成功，被模糊处理了。**

而人物经历了什么是故事的重心。

在《拍片现场》这部短片中，开篇的故事情节其实是演戏，导演出镜打断演员的表演……把一个戏中戏的结构展示了出来。

昨天朋友发了一部宣传片的提案，马上要开机拍摄，想请老师提前看一下。

给了他这部片子的修改建议，今天课上也把这部商业短片的提案与大家做一次分享，使我们的课程既有原创部分，也有实际案例的体验环节。

接下来的课程就是在以上这四个知识点之间交叉推进。

影片讲结构，上课也是一样。大家看到了今天课程的全貌，了解课程的结构，就有了目标和方向。

6.6　课堂创作练习

给大家十分钟的时间，写一个具有铺垫情节的故事，最后铺垫情节影响了结局。

再给大家提示一下什么是铺垫，在看过的影片中，主人公摔倒了，他妈妈鼓励他。恰恰是因为这次鼓励，造就了他在最后结尾的时候实现了人生的逆袭。

好，十分钟计时，开始。

……

6.7　解读戏中戏

看片《拍片现场》。

1. "狩猎"的故事

整部影片讲述了一个"狩猎"的故事："坏人"追捕"大哥"的女友，追到女主家中破门而入，将其绑架，设局等"大哥"前来救援。"大哥"赶来，被埋伏的人击毙。

2. 真正的"主角"

这个故事又是另一个故事的事件，原来有一个剧组正在拍摄这个故事，**还有一部摄像机将这两个故事呈现给观众。**

两个故事真正的主角是剧组的导演和制片人。在"狩猎"故事进展的过程中，导演喊了三次停。因为他发现有人不经他的允许，改了剧本。

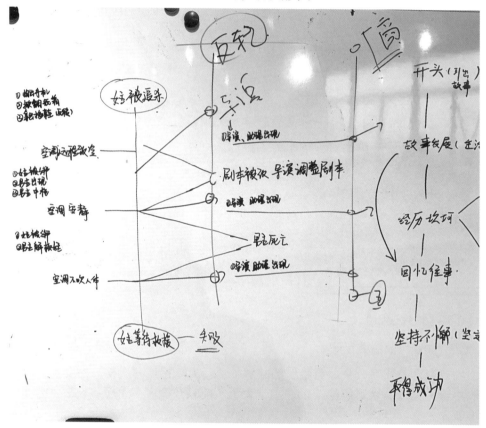

3. 广告商是反角

这时旁边的制片人对导演说，这里有广告植入，广告商掏了钱，所以要改成这样。导演对广告商的修改并不满意，然后按照广告商的修改方向，又给出了自己认可的版本。

4. 三次强调

剧情起伏是这样的："狩猎"故事发展……导演喊停，制片人说厂商修改……导演给出新一版的方案。

连续三次，将"狩猎"的故事讲完，同时三次喊停后，都强调了植入产品的一个卖点。

室内　日景

导演：剧情应该是这样的

走廊　外　日景

　　女主跑
　　一群男子追
　　女主打开平板 调低温度
　　女主跑进屋内，反锁
　　男子拘枪打开屋门

室内　日景

　　女主坐在靠窗的位置 唱歌
　　一男子坐在沙发上看书，画左
　　另一男子站着，戴着耳机 手里拿着唱片，画右
　　还有一男子坐着画画

5. 让剧情不断发展

这种戏中戏的模式，**将原本生硬的广告植入"柔和"处理**。借一次拍戏的过程，将产品的卖点强调了三次，每次各有不同，不会让观众感觉重复，因为"狩猎"的故事不断向前推进。

每次喊停后，观众都看到了故事的新进展。

导演给出的修改方案更加夸张，增加了影片喜剧元素，使情节的处理变得有趣。

第7讲 反结构与喜剧效果的表现

在课程设计环节，根据学生做作业的实际情况，课堂上间断性地穿插剪辑方面的实操环节。效果提升挺明显，今天讲了，明天看到的作业质量就会有所提高。

每次课都会安排一组同学，有一个排练、表演的环节，解决拍摄中演员的来源问题。这也是分小组进行拍摄实践的益处，每个人较多方面地得到锻炼。

笔者引入机位图设计，动态示范拍摄现场人物的走位。通过矛盾来实现剧情的转折，使剧情发展，因为事件没有发展，故事就会保持"原地不动"。

7.1　片段挑选

昨天各组排练了课堂上创作的故事，今天排练的内容从《拍片现场》中选择。

从整部片子中选出六段。接下来放映排练内容……

各组组长将自己组的选段写到黑板上。

要求：所有组员都要参与，要有台词。影片中没有的，自行加上。各组讨论一下，15 分钟，计时开始。

……

好的，讨论告一段落，下面讲一些新的东西，即剪辑软件，因为大家做作业会用到。

7.2　剪辑软件

剪辑软件 Premiere 上手很容易，左侧区域是素材管理。

7.2.1　创建序列

(1) 在空白位置双击，会弹出"导入"对话框。

(2) 找到素材，选择文件名或整个文件夹，都可以导入素材。

(3) 导入素材之后，选中所有素材，向时间线上屏幕底部位置拖动，就建立了素材序列。按空格键，素材就可以播放了。

执行这三步操作，就可以在软件中看到素材的画面内容。

在片例素材中，有人挥拳做击打的动作。第一次他出拳不够猛，特别轻；调整之后，第二条打得好，所以选用第二条。

现场老师拍了两遍。

7.2.2　挥拳镜头的处理

把他收拳的动作剪短。

(1) 工具栏上有个"剪刀"按钮，单击选择。

(2) 移动鼠标，此时鼠标指针是"小剪刀"形状。

(3) 在时间线上要剪切的位置单击，完成素材的拆分。

(4) 在工具栏中使用"选择工具"将剪切下来的素材选中。

(5) 按 Delete 键删除，这个挥拳的镜头就剪切完成了。

7.2.3　摔倒镜头的处理

我们再看倒地这个人的镜头，把摔倒之前的动作剪掉。

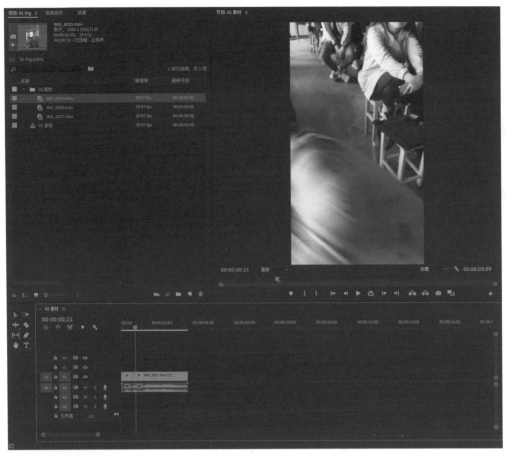

具体操作如下。

(1) 在时间线上找到人物看似中拳的位置，选中"剪刀"按钮单击（剪切拆分）。

(2) 再使用"选择工具"选择，并删除。

(3) 时间线上有两段剪切完的素材，把两个画面中间空的地方删除。

(4) 让它们连接起来，播放查看效果。效果满意后，处理完成。

时间线上就是成片效果，按空格键可以播放。

越往后，同学们越会发现剪辑的乐趣，把画面剪辑出来是挺有意思的一件事。

7.3 调整学生片例

老师把五组拍的素材调亮一下，投影到大屏幕上，让大家能看得更清楚。

五组拍得镜头较全，多角度、多机位……演员看手机拍了好几条，这是躺着看片子的镜头，从侧面又拍了一条，同一个镜头拍了两遍。

她在看电影，让人恐惧的镜头外加敲门声，被吓得把手机扔了。

剧本片段：《女寝异闻》
宿舍　内　夜景
旁白：她给我讲了这样一个故事，那天凌晨，她还没有睡 　　　寝室早已熄灯了 　　　女生躺在床上看着手机屏幕 　　　屏幕上正在播放恐怖电影 　　　电影中的"鬼影"猛地扑向小女孩，吓得女生一抖 　　　女生丢下手机，下床去卫生间 　　　……

7.3.1 素材选择

剪辑的思路与素材处理的步骤如下。

先处理"演员在看什么"的画面，不要那么长。前面的一条不好，因为它跳了一下，画面不稳。

具体操作如下。

(1) 先按空格键，播放素材。

(2) 在时间线上的不同位置点按鼠标，可以在素材间跳着看，迅速浏览。

(3) 单击选中"剪刀"图标，找到想用的素材位置单击，拆分镜头。

(4) 使用"选择工具"将剪切后无用的素材选择，并删除。

(5) 如果两个素材之间有空格，删掉空格，将两个镜头连起来。

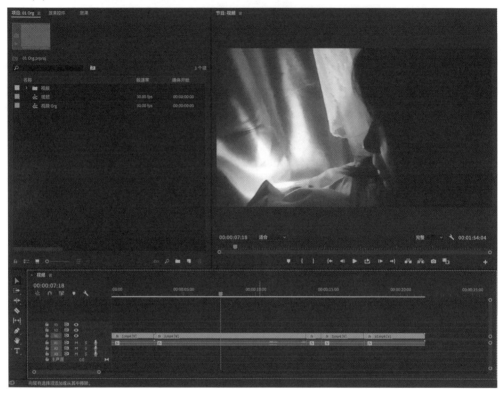

7.3.2　镜头组接

将主人公躺着看手机的正面画面和一个侧面画面接起来。

镜头有个旋转，主人公看视频，被吓着了，然后合上手机……"手抖"后面的部分给剪掉，因为后面要接下一个镜头。

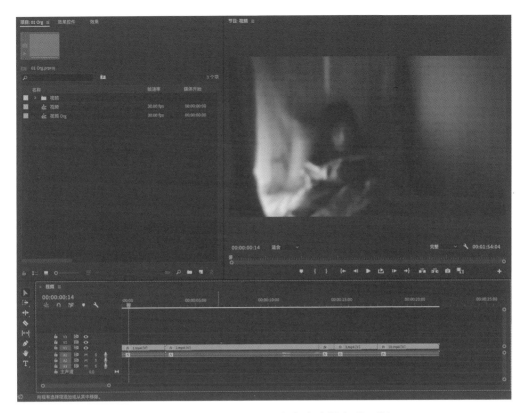

选择位置，再用"剪刀"图标单击拆分，选中多余的部分删掉。

素材前面出现空格，删除。

7.3.3 影片开篇

影片开篇完成：一个人躺着看手机，看恐怖片。

开篇之后，想要演员突然起身这个画面。将"起身"动作多余的素材剪切，删掉之后，接到"合上手机"画面的后面。

这样的处理结果就是：看恐怖片，吓了自己一跳。

7.3.4 镜头的重组

吓到自己之后，主人公站起来了，这是一个起身的镜头。

起身的镜头有点长，修剪后，再从后面的镜头里找找。我们看到"门"的画面，这里可以这样处理：把它挪到前面去。**因为门把手突然大半夜有人扳动，是挺诡异的事情。**

7.3.5　再创作

大家看，门突然间动了：有几条，前面的都不好，因为门动的过程中有等了一下的感觉，不要这段。

找演员被吓到的时候，使主人公起身，与门的动作同时发生，把它（门的素材）移动过来（按住鼠标不放进行拖动）。

再看处理结果就变成：看手机，吓了一跳，门把手上下不停晃动，演员吓得扔掉手机，马上起身。

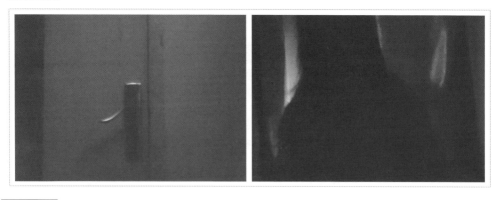

7.3.6　前期拍摄要充分

因为五组拍得比较多，后期剪辑可选择的素材也够多。

演员有一组表情：突然抬头的动作，惊魂未定，**整个人坐着发呆，琢磨一下发生了什么事**……就是这种感觉。

剪辑不难，将有用的镜头保留，对多余的部分进行拆分，再配上音乐，效果就出来了。

投影仪画面偏暗的解决方案：现在用 VLC 播放器，打开参数面板将画面调亮。这样的设置对投影仪来说，属于偏亮。在投影环境比较差的情况下，让我们能够看清画面效果。

7.4　优秀短视频作业之四

7.4.1　案例画面

大家看下面的片例。

剧情简介
这是情侣闹矛盾的一场戏。

下面分析一下如何拍摄，技巧其实挺简单的，场景选得好，效果就出彩。

两个人，情侣关系，女主角生气，第一个镜头以女主角全景开始。

1	女主角坐在椅子上喝茶
2	男主角出差回来，走过来摸了一下她的头，坐在茶台前
3	男主角发现她不说话，转头看她

1	女主角说他说话不算数
2	男主角解释，女主角起身走
3	男主角起身，绕过茶台挡住她的去路

1	他抓住她的手，她站立不稳
2	摔倒，他赶紧伸手去抓
3	女主角撞在椅子上，男主角去搀扶

7.4.2　机位图设计

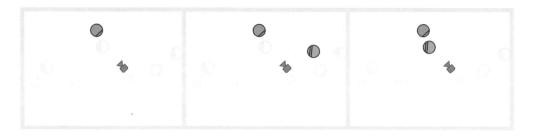

1	这个机位，先拍女主角，此时男主角还没走过来
2	男主角开始走
3	男主角走过来摸了一下她的头，经过第一个机位

我们看镜头 1，带男主角的关系拍摄（两个人争吵）；镜头 2，单独给男主角镜头。这样设计，镜头就能够覆盖整段对话。

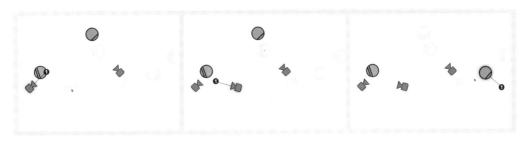

1	男主角走过来，坐下的时候，要给新的机位了
2	男主角坐下的位置，给两个机位
3	男主角解释，女主角起身走

两人争吵，女主角起身，去路被挡住，发生肢体的接触。

四个机位图的设计。

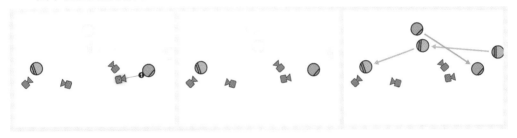

1	两个机位拍摄，女主角从站起来至停下脚步
2	女主角是被男主角挡住了去路（为了画面清晰，男主角图标暂未移过来）
3	男、女主角，第一次的运动轨迹

7.4.3 人物走位

两个人又回到原始站位；之前的机位继续发挥作用，这叫调度。

这场戏，四个镜头搞定了，需要有特写画面，就将镜头推近。

剧本片段
客厅　内　夜景
小秋坐在椅子上喝茶 　　　　男主，走过来摸了一下她的头，坐在茶台前

剧本片段

男主：亲爱的，买了一些上好的红茶给你

尝一尝

小秋不说话，男主转头看她

男主：你什么意思啊

小秋：什么什么意思啊

每次出差都说好两个人一起

结果到头来，都你一个人去

有意思吗

男主：我这不工作需要嘛

我每次不都带礼物给你吗

小秋起身走

小秋：那你干脆要你的工作得了，别要我了

男主起身，绕过茶台挡住她的去路

小秋：你放开

男主抓住小秋的手，她站立不稳

摔倒，他赶紧伸手去扶

男主：小秋

小秋头撞在椅子上，男主去搀扶

男主：你怎么了，别吓我

男主：小秋

7.4.4 人物出场与转折

两个人亲密关系的表现：男主摸了一下她的头。

表现两人的情侣关系，人物出场之后，**通过矛盾来实现转折，使剧情发展。**

用女主生气的状态告诉观众。

提问	他们之间是有了矛盾吗？因为什么？

解答：原来就是男女朋友之间经常有的这种负面情绪导致了矛盾，并进一步升级了。**事件没有发展，故事就会保持原地不动。**我们需要通过演员的走位，来加强人物情绪的变化，使事件向危险的情境发展。

男主角的设计：两人在拉扯过程中，失手推倒了女主，升级了矛盾，完成剧情的反转。

如果不反转，故事就没法发展。

最后高潮：误伤了，磕晕了，男主也吓坏了……

这是一场戏的完整调度。

7.5　商业片例分享

下面看一个提案，这是一个朋友发过来的拍摄方案，让帮忙给看一下。这也是他马上要拍的一部片子，老师觉得有代表性，有必要跟大家分享一下。

表格中的内容，都是在拍片之前要完成的工作：场景、画面内容、解说词……这都是要给客户看的。**确认通过了，才能开展下一步的工作。**

提案中用到的人物形象图片，有时会从网上找。如果时间充分、经费充足就会自己拍摄。**客户在付款之前就要看到成片的预览效果。**

未来大家在拍片的时候，也要以这样的形式呈现：将场景、景别、画面内容、参考画面、道具写清楚。

7.5.1　具体问题

这个文案写的有很多问题。

像"衣着整洁"之类的用词，都是不准确的。

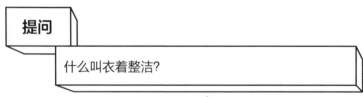

过于抽象。

还有"精神抖擞"这种词，不应该出现在文案中。

"销售人员用到的真实工作服，用到的车辆宣传彩页"这是拍摄现场要用的道具。

"坐在工位上迎接客户，亲切讲解"中的这个"亲切"，都是不恰当的用词。

"指引客户试驾，其他同事陆续离开，办公室空空荡荡"中形容词太多。

"坐下开始翻看桌上的报表"这句没问题。

"小明的手指不断地敲击桌面"，这直接就是特写，所以我们就不用再写"特写的镜头"。

"小明对着电脑，时不时地敲敲脑袋"，不明其意。

"鬼鬼祟祟""窃窃私语"这些用词都要划掉。

这是一个普法类的宣传片，警示职务犯罪的后果。整个故事从头到尾都是在教育人，观众会产生抗拒感，**一个完全说教的片子，不会太引人关注。**

7.5.2　问题与改进

谈一下老师对这个提案故事的建议。

从他的剧本中提取了一处设定进行拓展。在剧本中看到了这段话："你在监狱的这些年，你可怜的父母在孤独中老去"。

从这里入手，为影片设计了第二个时空，就是说影片一开始的时候，主人公的父母来到城市，跟他团聚，看到自己的孩子找到了一份好工作，他们非常高兴。

这是一个铺垫，在高潮的时候，这个铺垫会发挥作用。

主人公犯罪事实成立。当警察来抓人的时候，那天正好是和家人的一次聚会，一桌菜都做好了，大家都在等他回来吃饭，这个时候有人敲门……门开，来的却是纪检委的人。

通过这个铺垫，就把他与家人的关系引入影片中，构建了一个双时空的结构。正好这个案例也是铺垫影响结局的一种设计，给大家做了一次实战的分享。

主人公在故事中过于平淡了，他贪污公司很多钱，是用解说词说出来的，后来被抓并被判刑，**剧情就像一条直线，毫无悬念可言。**

如果一个人堕落，应该是逐渐进行的，由一点起了变化。

给他设计了另一个情节是：财务发现了公司的漏洞，一张票据报销的数额巨大，而且出处可疑，将问题反映给领导……意思是：公司有"坏人"。

增加了一个中年男子的角色，他是主人公的同事，经常头不梳，脸也不洗，状态很颓废。有一天，这个同事说家里最近出了点事儿，管主人公借钱。通过同事这样一个角色，和他缺钱这个事件，故事线就变得丰富了。

当财务把"漏洞"爆料出来之后，观众的第一感觉就是怀疑他的同事。**故事变得一波三折**，而不是直白地说他贪污了多少钱，然后就去抓人。

在原本一条直线的故事设定之上做了两个设置：第一个是加入了亲情，父母希望孩子好的美好意愿；第二个加入一位同事，让锁定和追捕主人公犯罪的过程变得曲折。

7.6 影片赏析

把《不相信梦想》这部片子给大家讲一下，其中会涉及对影片结构的学习。

配合《不相信梦想》的影片结构图，加强对影片节奏、故事的理解，帮助大家更好地完成创作。

7.6.1 失败的主人公

片子看完了，那这里有一个问题。

提问	我们的主人公是成功了呢？还是失败了？

失败了。

那你认为努力了，但没有得到最终的成果。

提问	整个影片给你一种什么样的感觉？

出乎意料，结局的反转。

提问	有同学有不同的观点没有？

看一部片子，我们可以有很多的观点，这样讨论起来才会有碰撞。

喜欢这部影片喜剧效果的处理。

来，请坐。

7.6.2 幻想成功

开课第一天的时候，老师跟大家讲过：影片中主人公一定要成功。

这部片子，表面上看主人公的目标（心愿）没能实现，**但故事内核里还是套了一个**

成功（幻想成功）的结构。

故事里，在为目标努力的过程中，主人公抵御零食的诱惑，抵御玩具的诱惑，想象自己成了一名宇航员，并登上月球……

他在梦中成功（主持人夸他是个天才）。

1. 肉丸的设计

实在嘴馋了，想从门口大妈的地摊上买肉串中的一粒肉丸，结果被沉默表情制止了。

真的是吃也不敢吃，玩儿也不敢玩。

2. 玩具大降价

小朋友最喜欢玩具，非常便宜，性价比极高，让主人公心动……吃和玩，这些东西都在强化"欲望"对他攒钱这个目标的冲击。

7.6.3　第二条时间线

穿插在故事主线的第二条时间线：主人公接受电视台主持人的采访，他成了一名宇航员；新闻发布会上，他是核心，跟站在两侧的成年宇航员握手；然后他开始穿宇航服，站在发射塔前仰望航天飞机。

直至灯光闪烁，火箭发射，他宇航服头盔上映衬着多种仪器和仪表，多个小屏幕反射的灯光……最后他站在了月球表面，把国旗插上。

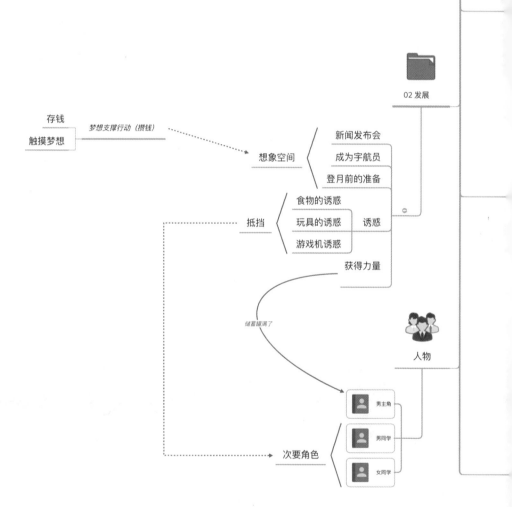

影片结构

02 发展

存钱
触摸梦想 —— 梦想支撑行动（攒钱） ┄┄► 想象空间 ⟨ 新闻发布会
成为宇航员
登月前的准备

抵挡 ⟨ 食物的诱惑
玩具的诱惑 — 诱惑
游戏机诱惑

获得力量

储蓄罐满了

人物

次要角色 ⟨ 男主角
男同学
女同学

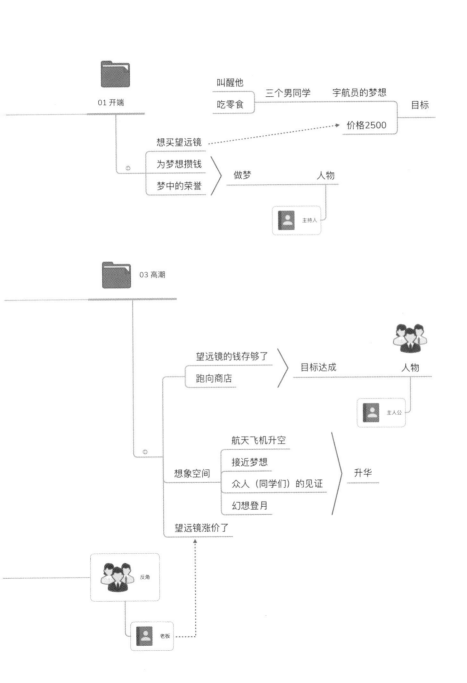

01 开端

叫醒他
吃零食　　三个男同学　　宇航员的梦想　　目标

想买望远镜 ·········· 价格2500

为梦想攒钱
梦中的荣誉 ＞ 做梦　　　人物

主持人

03 高潮

望远镜的钱存够了
跑向商店 ＞ 目标达成　　人物

主人公

航天飞机升空
接近梦想
想象空间　众人（同学们）的见证 ＞ 升华
幻想登月

望远镜涨价了

反角

老板

在这条时间线中，影片用一个他幻想的成功，使故事具有双重结构。

第4篇

制片筹备与机位设计

第8讲 被动型主人公

有了前面的短视频基础入门和拍摄练习，接下来的几节课就要围绕一个主题进行创作。由学习的练习阶段，逐渐转变为创作的实践阶段，这要求我们的创作步入新阶段，故事的主题也更为突出，也就是短视频的创作要具有类型化。被动型主人公是笔者提炼出来的一个类型的短视频代表。

被动型主人公这类短视频，要有一个说谎的情节：就是明明不是这样，但主人公还坚持说"这个正确"，直至谎言被识破……我们将学习围绕这个公式化的形式进行创作。

课程中引入制片管理、前期筹备和对剧本顺场的技巧，因为创作逐步复杂化，制片管理和前期统筹的知识可以辅助我们的拍摄事半功倍。

8.1 检查作业

8.1.1 事件练习：追逐

剧情简介

采用戏中戏形式拍摄了一个防盗门的广告片。

我们看下一组的作业。

| 提问 | 防盗门它很难被踹开的呀，是不是？ |

你没有道具枪的话，要把这个情节换一下，因为有可能穿帮。**你不能用雨伞，假装说这是枪。**

| 提问 | 这个镜头安排了一个人下楼？ |

安排得挺好，而且也看不出来，这人与后面说广告植入的是同一个人演的。

就整个设计来说有漏洞，防盗门本身就是踹不开的。

情节设计得不合理，要再考虑一下这个创意点。

| 提问 | 楼梯跑了几遍？ |

大家演得越来越真实了。

紧张的音乐到人物跑进房间就停止了，音乐与画面有互动。

这是一个剪辑技巧，咱们还没讲到，但是你们先用到了。

演员站位与人物关系

枪的设计有点跳戏，饰演厂商代表的同学，你都敢改导演的剧本，你的表现应该更硬气一点。

你下楼梯的时候下了两步，下两步从视觉上来说，就会给人一种**重要性或地位退而求其次这种感觉**。作为客户派来的代表，你要一步，坚定地站在导演身后。

一步与两步，在人物心理意图的传达上是不一样的。如果你饰演导演助理，这肯定没问题。但是你敢改导演剧本，表现一定要坚定。

8.1.2　事件练习：反转

看一下二组的视频。

剧情简介

采用戏中戏形式拍摄了一个洗发水的广告片。

拍了多长时间，把每个人负责的角色说一下……

片子加了音效，有意思，效果有趣。

提问

怎么没找个男生来演男主啊？

后面讲到机位设计的时候，再对这个片例详细分析。

8.1.3　事件练习：变身

欢迎三组，刚才那位同学的表情到位，老师说你作为一个"影帝"藏得很深啊。

剧情简介

拍摄了一个巧克力的广告片。

| 提问 | 为什么没有声音啊? |

忘记开声音了。

| 提问 | 这片子谁剪的? Premiere以前会不会? 现学的是吧? |

剪得挺好,一拿起来,他往天上一扔就转场过来了,这是挺好的一个手法。

| 提问 | 你们在剪辑的时候商量了没有,怎么剪? |

商量了。

完成得不错。

8.1.4 事件练习:尬聊

看一下四组的作业……这个没太看懂。

剧情简介
拍摄了一个"对什么都无所谓的人"的片子。

这个片子的亮点是**男主思考的表情**。

下次拍作业的时候,全体组员都要参与进来。

8.1.5 事件练习:脱身

看一下五组的作业。

剧情简介
拍摄了一个旅行箱的广告片。

五组的作业有亮点，够精彩。老师留作业的时候说了，要有字幕。

咱们五组，不但有完整的情节，有字幕，还做了片头。

演得挺自然的。剪辑是现学现用，剪得不错。

提问　你还用到了叠化是吧？

是的。

提问　后面这个配音是自己配的吗？拿什么录的声音？

手机。

人在行李箱里的这个镜头，还不够晃。你应该配上行李箱在水泥地上滚轮的音效，这样就更好了。

8.1.6　事件练习：做回自己

再看一下六组的作业。

剧情简介

拍摄了一个电脑键盘的广告片。

| 提问 | 这是谁拍的？拍了多长时间？ |

一个下午。

拍摄的手法其实挺独特的，**镜头内画面推近、缩小。**

| 提问 | 协调了一间办公室是吧？ |

偷偷溜进去的。

办公室里桌子太空了，放点东西就好了。你这个表格道具准备得不合格，只是一张白纸。最少应该有一个表格，上面有点数字什么的，会更好一点。

男主形象、表演和各位小伙伴的配合，都挺好。

不错的一次小组作业。

8.2 总结与进度

前面看了各组的片子，通过作品能够感受到同学们的认真、用心。

上了几节课，大家就能够拍出这样的小视频还是不错的。咱班同学的作品有一个特点，就是简练……一般一个视频很容易就拍长了，老师在多个班上都反复强调要精简。

同学们完成的第一次作业都比较简练，这是一个特点。在各组的影片中也不乏亮点，这是一个很好的开始。

目前的进度在 24 号这个时间节点上。

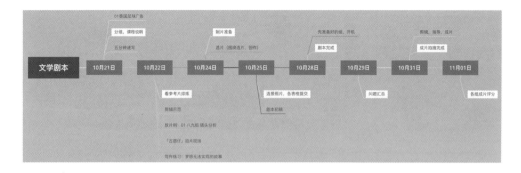

8.3　制片管理

8.3.1　前期筹备

今天会围绕两个重点：一是制片，二是剧本，下面是学生创作的剧本。

归家

三余堂　内　日景

　　一人站在老旧的房屋内拨通电话

　　边打电话，边开门

小贾：明天找几个人过来帮忙

主人公疑惑：啥事啊

小贾：后天下午我爷爷回家，找几个人过来把家收拾一下

　　小贾在屋里四处探头张望

主人公：找几个人，有钱拿吗

小贾：你先把人聚齐了再说，我这事有点复杂

　　（转主人公镜头）

主人公爽快答应：好嘞

主人公开心地说：有钱拿的事都好办

　　（特写主人公挂掉电话，脸上自信的微笑）

鱼塘　外　日景

　　主人公走到鱼塘

主人公：老井，下午有活儿你去不去

　　主人公向老井招手

老井：没空，你没看我正忙着吗

　　（老井摆摆左手，指指右手中的钓竿）

主人公：那我还是去问问老钱吧

老井：等等，什么活儿呀

要想把短视频拍好，除了要在剧本上下功夫，我们还需要**在制片环节加大执行力度**。这是上个班的同学做的制片、筹备表。

以之前看过的片子为例：讲述了主人公爷爷回到乡下老家的故事……我们先看一下这部短视频的剧本。

时间表：几点在哪个场景开机拍摄。

一部短片要在多个场景中拍摄，需要协调演员、拍摄人员、道具准备人员等多位剧组成员，时间表是必不可少的，**可保证大家配合有序，统一推进拍摄进度**。

表格做好后，发送至每位成员，落实各项工作。

演员表是剧中人物形象、人物性格、饰演角色的定妆照、影片时长、故事梗概等信息的集合。

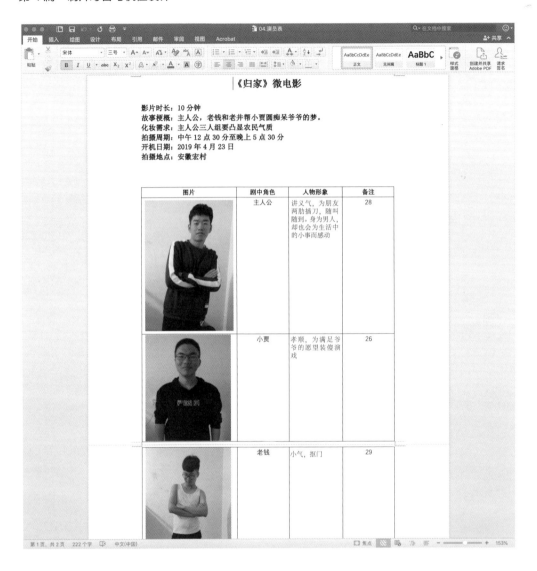

剧本定稿之后，需要做一个道具表，将各场景所用的道具逐一列出：衣服、斗笠、小板凳、演员穿的背心、用到的手机……**要有专人负责，带到片场，以备使用。**

下图是一个道具预算表，其中是各项支出费用的预算。

这部影片用的服装道具是租赁的，有的道具是买的，表格中都详细列出（最好还能将所用的场景标注出来）。

8.3.2 顺场的剧本

拍摄前，我们还要有一个顺场剧本。

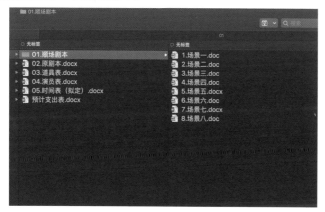

| 提问 | 顺场剧本是什么意思？ |

本片例中，把原剧本按场景分成八个小剧本（有几场戏就分成几个剧本）。意思是说，如果一场戏要在不同的时间段中在教室拍摄多次，就需要把教室这场戏的剧本内容都放进一个文档中。

如果有白天要拍的内容，也有晚上要拍的镜头，就另当别论。

基于这一点，需要**对原剧本重新进行编辑，找出共同场景的戏份**。

| 提问 | 这有什么好处呢？ |

这样可以让大家更有效率地开展工作。

商业短视频的筹备

设计商业作品的时候，我们也是这样来推进的。这是在本地拍摄的一部商业短片，演职人员都是职业的。

道具表如左图所示，筹备资料如右图所示。上个班的同学筹备大作业期间，把这些表格发给他们，以此为参考，做自己组片子的筹备。

12月7日要检查、对接的事项		
工服	一套灰色工服，一件蓝色上衣	王某某
安全帽	备七个安全帽	黄总
图表	标注一点，某某网，正式上线运营，后面增长曲线；某某物流的运输辐射范围200公里，几个加工中心的点表示	
	还需要再备一套旧的干净的蓝色工服 175工服加3套	黄总对接
桌子	开机的桌子，长桌，两张桌子拼成一长条	17：00从三楼办公室
	布鞋、运动鞋各一，带到公司	赵老师，李导
条幅8号安装	早晨门口，转室内，室内安装完等拍摄完再拿下来	朱老板
老照片	开会照片处理 父亲老照片处理	重新拍摄黄总、赵老师
装裱书法	与黄老师确认张总的书法、装裱的事情 这里影片中的出现方式：修改为让秘书拿牌匾	装裱的书法七号下午要拿到
通风管道工厂	下午黄总带着过去 约阿立哥过去（工服，要现场找一件）	
快餐盒子	雪梅快餐的盒子	买四个，筷子两双
	坐在地上吃盒饭 张总、谢总	2份饭菜（12月8日） 中午工厂饭堂打餐饭，开机要用的道具
包裹	韵达快递信封封死	小朱老师

开机后，每一天的流程都是严格按计划执行的。

结合实际情况，同学们要拍摄的话，那就化整为零。你们在课下时间，做好规划，这是关于制片的事项。

8.4　看片选片

接下来，我们会根据影片类型看片。

参考片
1　被动型主人公《宅男的英雄决斗》
2　开篇成功《机会》
3　魔法道具《命运的玩笑》
4　走向深渊《替代品》
5　反结构与喜剧《不相信梦想》
6　戏中戏《拍片现场》
7　励志类《每天进步一点点》

8.4.1　被动型主人公《宅男的英雄决斗》

老师前面讲过：主人公要努力追求卓越，在困难之中不断挑战自己……接下来的片例中，主人公不努力，是被动型主人公。

他被卷入事件中，被拖着往前走。

8.4.2　开篇成功《机会》

主人公起点要低，但这个片子中主人公开篇就成功，然后倒叙解释主人公是如何从弱势逆袭成功的。这是我们要学习的叙事技巧。

8.4.3　魔法道具《命运的玩笑》

人物具有超能力，他通过道具的"加持"可以预测未来。

提问

这类魔法道具的片子应该怎么做？

8.4.4　走向深渊《替代品》

悬疑片：设定规则，警示严重后果，然后主人公当着观众的面"过界"破坏规则，人物命运走向暗黑。

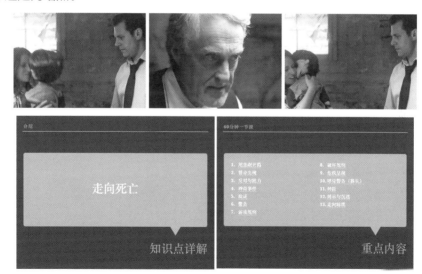

8.4.5　大作业选片

今天咱们看片子，除了学习新知识点之外，还有另外一个目标。

老师选了七部片子供大家参考，也就是咱们大作业的参考片。

在未来的几天，我们将围绕各组选的参考片进行二次创作。

根据课时计划，没有大块的创作时间。上课当天，同学们只有半天的课下时间，那我们就化整为零，**接下来的几节课围绕着一个主题进行创作。**

下面是我们的时间节点安排计划。

- 我们从 25 号剧本初稿，开始选景，准备制片表格。
- 28 号剧本完成，准备好的组可以开机了。
- 29 号问题汇总。
- 31 号老师会对大家的后期剪辑阶段做一个现场指导。
- 11 月 1 号，我们开始进行评选。

接下来要给大家放映的第一个片子是开篇就成功类型的。我们看看这个片子是如何运用倒叙，讲述一个主人公走向成功的故事。

8.5　开篇就成功

影片一开始主人公是成功的，正如刚才这位同学所说。开篇的画面是她的客户对她多角度的表扬和赞美：整洁的着装、专业的品质……开篇完成这个人物的构建。

通常来说，表扬总是短暂和有限的……

表扬完之后，马上用一句话完成转折：也许机会源于苦难……**以倒叙重新拼接主人公过往的经历。**

她生命中那个至暗至黑的时刻，她失去爱子，被丈夫抛弃……

可以说这种种困境，人物是被动的，被打击得毫无办法。

主人公失去所有之后，到了除了生命之外再无可失去的境地。她开始发自内心地要改变自己的命运。

还有一点是：人要活着，她只能再次尝试，无数次向新目标发起冲击，改善自己的生活境遇。在发起冲击的过程中，使自己不断变得专业、专注、勤奋。

压力使主人公表现出了强大的生命力，最终她被客户所接受。

8.5.1　三个家庭的命运

三个小朋友代表了三个家庭。

在整个影片中，有三个小朋友生病了。这三个小朋友差不多都属于支气管、哮喘、肺炎之类的疾病。

1. 第一位小朋友

这是主人公自己的孩子。我们在影片中看到，孩子手里拿的"道具"，是往嘴里喷雾的装置。哮喘病人呼吸跟不上的时候，会以这种方式给药，直接输入口腔。

2. 第二位小朋友

这是在立交桥底下与主人公偶遇的，一个贫苦的、无家可归的母亲，怀中抱着孩子。

提问

为什么说他们的病有类似之处呢？

主人公被丈夫抛弃后，在立交桥底下避难。手里拿着一个包子，她听到一声咳嗽。**就这么一个细微的声音把两个生命连接起来了。**

在主人公最孤苦无助的时候，一声咳嗽，让她心生怜悯。她往那边看了一眼，又看着手中仅有的包子……然后，走过去，把包子递给了怀中抱着孩子的母亲。

有一个镜头是主人公松手的特写：把手中的包子放下。

这个"放下"的动作，意味深长。

影片故事的情景设计：白发人送黑发人。这是主人公（一位母亲）心里的坎儿。

影片的导演用"她把唯一的食物，这个包子给了另一个孩子生病的母亲"，然后马上接了一个主人公抱着自己孩子求救的画面：求救的过程中，主人公的孩子从手中跌落……

| 提问 | 这组画面意味着什么？ |

对，意味着死亡。

意味着一位母亲失去爱子，现在她要"放下"了。

3. 第三位小朋友

这是主人公重新找到工作之后，客户家的孩子。

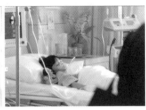

半夜，她赶到医院去救人。

她请求医生拯救客户孩子的生命，她给医生跪下了。

| 提问 | 当她跪下的同时，导演切了一个镜头，切到哪里了？ |

切到她孤苦无助的时候，在马路上抱着自己的孩子跪下（准确地说是累到崩溃）……在主人公内心深处，不希望悲剧再次发生，她不仅仅是向医生下跪、替他的客户下跪，更是背负着曾经那个失败的自己、那个没人帮助的自己的苦难，**而苦难过于沉重，使她再次陷入了困境。**

8.5.2　跨越时空

所以说，人物即使在影片中，也是不能轻易下跪的。但此时她的跪，现在就有了一个跨越时空的意义。当下，她有一种拯救生命的使命，以及与另一位饱受煎熬的母亲感同身受的情绪。

影片中多次用跨越时空，反复昭示**主人公内心活动的变化，连接命运共同体的情感诉求。**

8.5.3　拯救

重新站起来的画面在医院就有两次，一次是自己摔倒，自己爬了起来；另一次，是医生把她搀扶起来。

| 提问 | 为什么她在医院的长廊里有一段奔跑？为什么她会摔倒？ |

有一组她摔倒了然后爬起来的画面。摔倒虽然是剧情的需要，更是一种暗示：**挽救生命的道路从来都是艰辛和曲折的**，需要奇迹降临。

老师在上一课中曾经讲过，在故事和剧本的创作中，需要一条曲线。

| 提问 | 你不能让这个人直接跑过来，就完成了救援吧？ |

"摔倒"代表着困难，也意味着她要重新爬起来，再次站起来。

| 提问 | 主人公摔倒的时候，为什么好多人看着她？ |

这些人是观众，是旁观者，是群演，但同时成功者需要有人见证。

| 提问 | 观众将见证这个人站起来，站起来意味着什么？ |

站起来这个动作是有力量的。

最终，医生看到她手中的单子，挽救了她客户孩子的生命……需要注意的是：拯救是源于医生看到了她手中拿着的单子（保险单），而不是因为她的下跪。这一点，导演在设计上还是非常符合逻辑的。

曾经的主人公，经历这么多，她已经焕然一新，生命开始迸发出不一样的东西。

8.5.4　开灯与希望

在这个手术灯"啪"地打开的瞬间……

手术灯和手术室，原本是"不祥"的一个场景，但是灯打开，代表着希望的来临。

在影片中，被她救助的客户孩子，有一个睁开眼睛的动作。这个动作，不到两秒钟的时长，但对我们的主人公**成功挽救生命做了一个标注**。

所以说，在各种类型的片子里，我们都能够看到主人公努力向上的状态，或是还有一个身处卑微的"起点"。不管这种向上的状态是她与生俱来的，还是她后天努力习得的。

最终，她挽救了别人的生命，她从那个跪下的姿态中又重新站了起来。

上述是对开篇成功《机会》的解读。

8.6　选片问答录

我们进入下一环节。

大家看片子的时候，要都想自己的故事，找到合适的创作参考。

这次给大家看一个有点儿喜感的主人公。

他一点儿都不主动，被动成了主人公，我们看一下在影片中究竟发生了什么……

影片赏析提问

一部片子看完，这些常见的问题需要大家搞清楚。

提问

主人公在人物性格和着装上，哪些点能引起你的注意？

他最后为什么单膝跪倒？

如何发射冲击波？

他最后是怎么被另外一个对手击倒的？

跟主人公对打的人，穿什么衣服了？

提示：这是个动漫人物。

提问

剧情设计一个是哈利·波特，一个是七龙珠，有没有注意到?
知道为什么这样设计吗?

在影片一开始，就透露了主人公的性格。

8.7　总结

今天做一个被动型主人公的创作。

要了解故事设计的机制，被动型主人公有一个说谎的情节：就是明明不是这样，但他还坚持这个正确，直至谎言被识破。被动型主人公无力改变和扭转局面。

第9讲　修改剧本作业

　　本节课将对初学者在短视频剧本写作中的具体格式问题进行讲解。在开篇的人物小传中要为角色起名，写出简要介绍。

　　角色的对话要顶格写，对话前要有角色的名字。人物的动作另起一行，动作一定要具体，不要用形容词……

　　剧本中不要描述镜头，不用写"特写"……务必要保证剧本阅读时格式的清晰。

　　笔者通过修改7位同学的短视频剧本作业，解答和示范了上述问题。

9.1　场景与格式

9.1.1　修改剧本作业之一

　　老师看了同学们创作的剧本，在格式方面还有很多问题，给大家调整一下。在剧本里不要用这个"1"。

　　"夜，外景一座宅院门前"，写反了，应该：院门前　外景　夜。

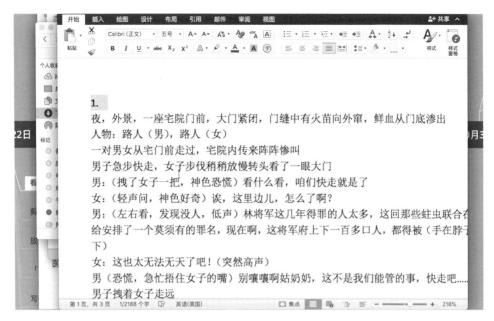

现在开始改这位同学的剧本，其他同学剧本中的问题也是一样的。

"一座宅……"这句话，顶头要空两格。

"鲜血从门底渗出……"另起一行。

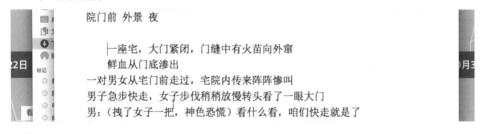

9.1.2　人物小传

故事中人物较多时，可以写一个人物小传，放在剧本开篇。

没有格式，将导致剧本看起来阅读困难。

文字密密麻麻，自己也看着累。

"一对男女……"这一行，回车，与上一行留些段落间距；句首空两字。

"……传来阵阵惨叫"改为：传来叫声，就行了。

"……女子步伐"改为：女子放慢速度。

"步伐稍稍"要删除。

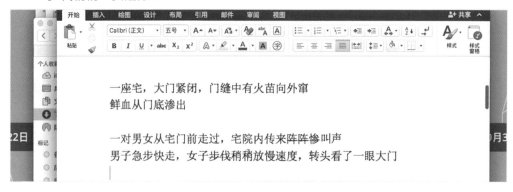

"拽了女子一把……"动作与对话写一行了。

动作另起一行，顶格写。**注意：台词是台词，动作是动作。**

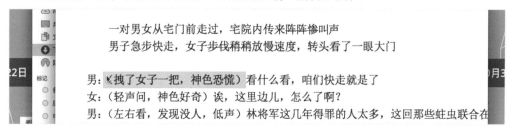

"……神色恐慌"，"神色"要删除，改为：眼睛左右看；或者改为"皱眉头"这样具体的动作。

"轻声问……"删除。

"神色好奇"删除。

"诶……怎么了啊？"中的？删除，**剧本里台词结尾的时候，不写标点符号。**

"左右看"，这是动作，要另起一行。

9.1.3 对话要顶格写

"林将军这几年得罪的人太多，这回那些蛀虫联合在一起……"这句太长，最好进行回车分割一下，让段落更清晰一些。

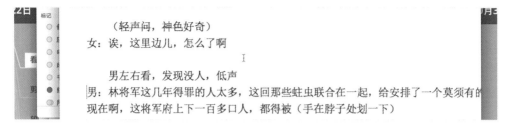

这样，剧本看起来更加易于阅读。

"现在啊……都得"，回车，把"然后做个手势，男子手在脖子处划一下"与对话分开，并另起一行。将括号删掉。

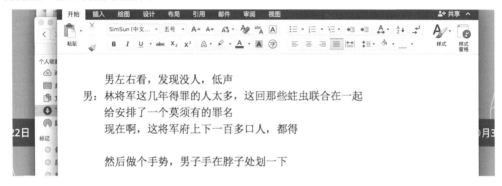

"突然高声"，这是动作，要放在对话前一行，并把感叹号删掉。

"急忙捂住……"，删掉"急忙"，有捂住嘴这个动作就可以了。

"别嚷嚷……快走吧……"，这里是对话，单独一行。

"……女子走远……"这是动作，另起一行，顶头要空两格。

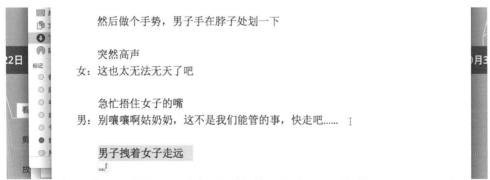

对这位同学的剧本，老师修改了开篇单元的部分问题，再看下一位同学的剧本。

9.2 台词与动作

9.2.1 修改剧本作业之二

下面看这位同学的剧本。

"休息室 内 日景",这行没问题。

"小明低头坐……"这行要空两格,因为这句是动作。

"小方:哭什么哭……"台词要顶格。

"……不就是输了嘛,有什么好哭的",句中的感叹号都要删除(句间的分隔,也用空格)。

"啜泣"是一个动作,在这里另起一行;括号删掉,"可是"删掉。

"跑快点 别这么磨叽",**这句话接的是上面这个动作(动作在上,对话位于其下)。**用空格代替句中的标点。

电影的字幕也是一样，字幕上面是没有任何标点符号的。

如果感觉"……回头看……"这句单独一行太短的话，可以合并到上一行的对话中。

台词里面没有标点符号；对于动作的描述，则可以加逗号分隔。

9.2.2　景别的写法

"路上　外　暮"，"暮"不准确，记得有一位同学问过老师关于剧本场景时间的写法。

就是内、外；日、夜，没有更多的了。

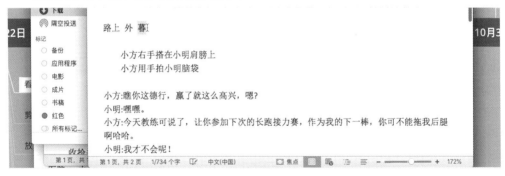

剧本的用词要精简。

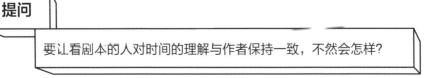

提问

要让看剧本的人对时间的理解与作者保持一致，不然会怎样？

引起非议。

写剧本就是：一文一言只对一意。

跟你说了一句话，就对应了一个意思，没有其他的意思。

"今天教练可说了……"，这句也很长，可以找个位置回车，另起一行作为台词的延续。

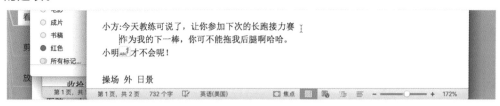

9.3　剧本中不要描述镜头

9.3.1　修改剧本作业之三

这位同学的剧本作业，我们一起看一下。

"女主趴在桌子上哭"，这句可以。

"小林……"，这里顶格，因为这是对话。"问"删掉，因为人物说话的时候已经有问的意思了。

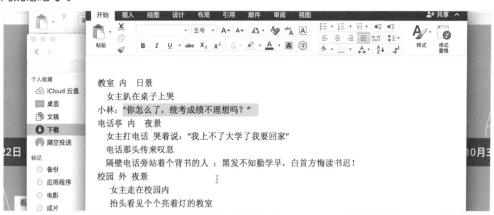

句中的引号和问号全部删掉，剧本里要保持整洁。

"电话亭……"这里回车加大段落间距。一场戏跟一场戏，在阅读上也要格式清晰。

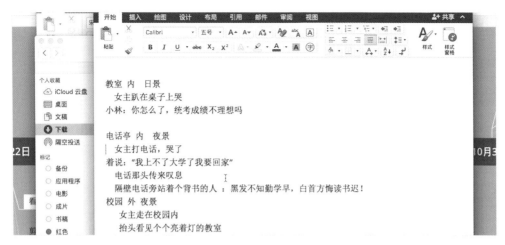

"哭着说……"改为：女主打电话，哭了。"哭了"，结合上下文就是在哭着说话。

"着说"删掉，加上"女主：我上不了大学了我要回家……"

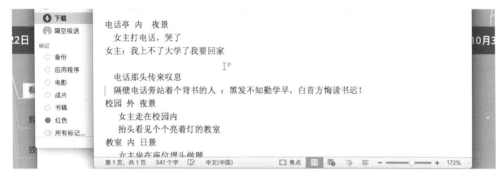

"隔壁电话旁站着个背书的人……"，具体说什么要另起一行。"背书的人"说话了，说话的内容就是台词，**台词要另起一行，并顶格写**。

9.3.2　不用写特写

之前讲过，"特写"不用写。

"红色叉叉"，如果要让观众看清楚这个画面的话，一定会给特写。不给特写，看不清楚纸上的这个符号。

"班主任笑着说……"改为：班主任微笑，然后班主任说什么另起一行。

笑和说话的内容，是动作和台词，要分开。

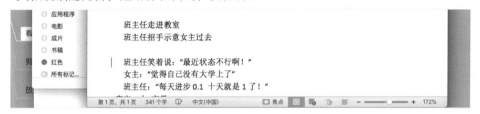

"女主……"这里要顶格写，所有对话（台词）都要顶格写。

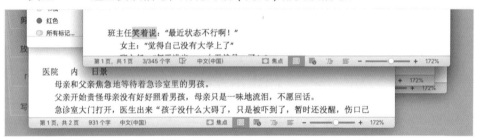

剧本后面的内容调整参考前文，自行改正。

9.4　对话与标点

9.4.1　修改剧本作业之四

看一下这位同学的剧本。

"孩子房间　内　夜景"空格有点多，间隔一个半角空格就行。

"窗外星空　空镜头"，这是场景的描述，中间可以加一个逗号。

"小床上躺着一个熟睡的男孩"，结尾不要任何标点符号。

"突然男孩……"，这句前加空行。

"啊……"的时候是角色说话了，要写清楚谁在说话，顶格写，不要这么多标点。

"男孩惊醒"，是一个动作，要另起一行。

"母亲听到孩子的声音，掀开被子下床"，结尾句号不要。"慌忙"删除，再把多余的空行删掉。

9.4.2　用空行分隔

"男孩满头大汗地看着门口慌张的母亲"，"慌张"删除。

"母亲坐在男孩的身边，轻轻拍他的背，安慰他"这一大段，要用空行分隔，看着太乱。

"男孩逐渐冷静"，不要用"逐渐"这类词，改为"呼吸平缓"。

"……委屈……"

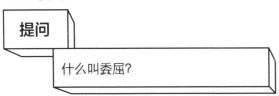

提问

什么叫委屈？

这些词都是拍不出来的，删除。

例如，用"低头"这个词表达，"……低头靠在母亲怀里"这叫委屈。

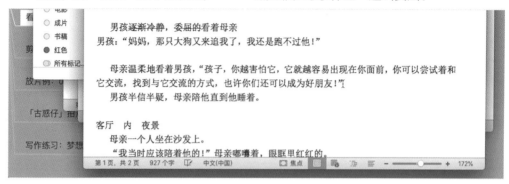

台词要另起一行，**谁说话了，要给角色名加冒号**。标点符号方面的问题，老师不再改了，已经说过多次。

"母亲温柔地看着男孩"，这句话也与角色的台词重叠了。

对话是对话，动作是动作。

"男孩……好朋友"，这句话太长了，在中间找个位置回车，另起一行进行分隔。

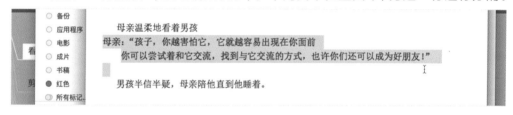

调整后，剧本中的对话格式也清晰了。

9.5　为角色起名

9.5.1　修改剧本作业之五

下面看这位同学的剧本。

"商场"和"内"中间有两个空格，就要一个空格就可以。

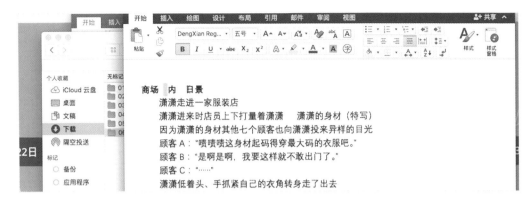

"……进来时店员上下打量……身材（特写）"。"特写"删除，打量里面就会有特写，改为"看某人"即可。

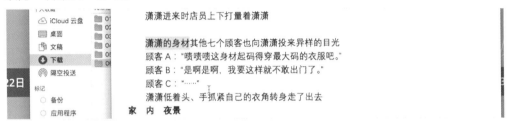

"……七个顾客也向潇潇投来异样的目光"，改为：都在看她，就行了。

9.5.2 次要角色的命名

"顾客 A"，不要这么写，可以用"顾客男""顾客女"代替。ABC 等字母不要出现在角色命名中。你可能考虑到剧中角色只出现一次，起个名字不易于阅读。**可以考虑以性别和年龄层对角色命名。**

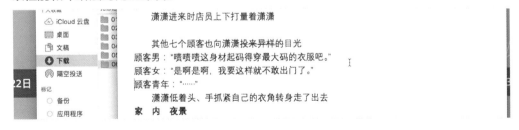

"潇潇妈妈……"的台词，要顶格写，回车。

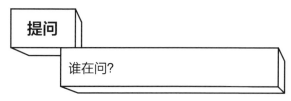

补充角色的名字，有人说话，顶格写。

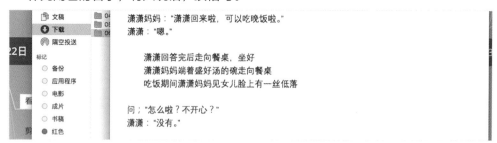

9.6　对话前要有角色的名字

9.6.1　修改剧本作业之六

下面那这位同学的剧本作业：《偷》。

"教室……"，场景下面的内容不要顶格，两个空格，**用格式对文字划分区域，易于阅读**。

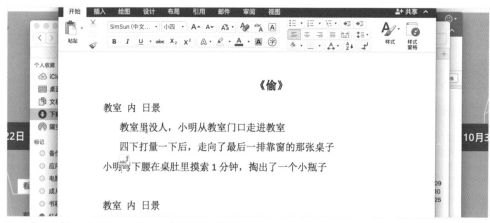

"小明妈妈承诺……"，"承诺"删掉。

"承诺"在此处是多余的，角色要说话了，里面有承诺、保证的意思，不需要再强调。

"家里客厅……"

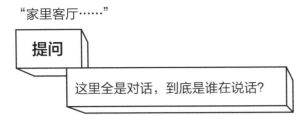

这里全是对话，到底是谁在说话？

非常乱。

"地铁上……大喊：你偷奶奶的东西"

"男人……将小明推倒……"，动作与台词又放在了一行，需要改。

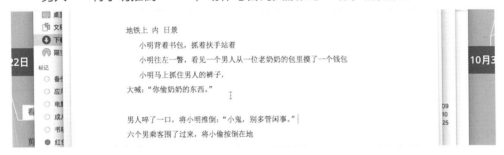

"小鬼，别多管闲事"，要另起一行，谁在说话，要给角色名字。

9.6.2　动作要具体

"六个男乘客围了……"，这里还可以，只是动作还不够具体。

9.7　剧本阅读要清晰

9.7.1　修改剧本作业之七

这位同学的剧本整体阅读起来非常困难。

"他喊……"，另起一行，要顶格。

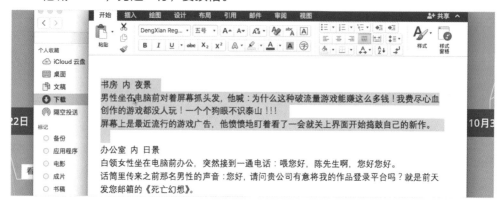

"为什么……泰山"，台词太长，另起一行，分隔；台词另起一行后，加个空格，使其保持在一个段落的格式中。

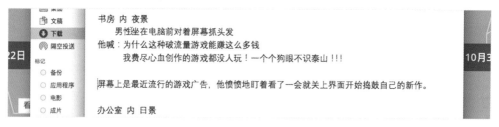

"……最近流行的游戏广告，他愤愤地……"，"愤愤地"改为"瞪着眼睛"就可以了。

9.7.2　细节要写清楚

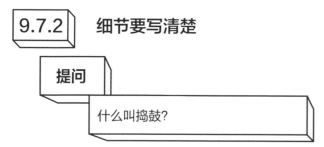

提问

什么叫捣鼓？

如果他打字，就是敲击键盘；打开文档就写打开文档；他编程就写编程，这要写清楚。

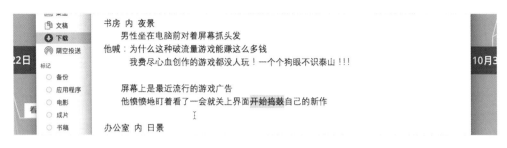

剧本中后续的问题，与前面老师所讲的问题是一样的。

- 格式问题。
- 角色名的问题。
- 动作与台词一行的问题。
- 过多标点符号的问题。
- 台词过长的问题。

不再逐一校正了。

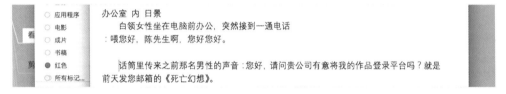

前面老师改了几位同学的作业，在下一次剧本创作中，同学们要引起注意。

第10讲 镜头机位设计

在拍摄场景的空间要给予摄像机位置充分自由，但这种机位放在很多位置，都可以完成拍摄的状态，常令初学者不知如何处置，这就是"自由"过头了。

在本节课中，笔者引入轴线这个知识点：以演员的位置为参照，演员站位之间建立一条摄像机的轴线。拍摄时注意不要越轴，如果机位（手机）放在轴线的左边，那另外一个机位（手机）也要在这条轴线的同侧。

注意演员的站位，不要相互遮挡，拍摄时在地上放一个标记点，做参考是个不错的选择。

制作分镜表，可帮助我们列出一场戏要拍摄的镜头，建议大家每次拍摄前都做好这张表格。

10.1 悲剧型故事设计《替代品》

悲剧型故事是指由困境走向深渊的故事类型。

接下来给同学们看的这部短片，具有代表性，讲的是设定规则。

前面列举了剧本格式的种种要求，这是剧本写作的规则。影片里也有这样的规则，在片例中，有人在房间里和房间外画了一个区域，示意主人公不要越过地上的"红线"，去房间外面，因为走出去的现实（真相），你将承受不起⋯⋯

提问

在影片中如何完成一个规则的设定？

我们一起在影片中寻找答案……

10.1.1　用悲剧开篇

主人公的孩子出了意外。

一个男人对孩子的母亲（女主）提出所需要的道具，用来制作替身。

1. 替身出现

盒子再打开时，一个布娃娃拿着男孩生前最喜欢的棒球手套。

男人向女主展示成果。

2. 反对与阻力

看到是一个布娃娃，女主难以接受。

远处，坐在角落里的孩子父亲（男主）说出了真话，这是无法接受的一件东西。

10.1.2　幻觉与神奇事件

男人鼓励女主去抱下娃娃。刚开始她是抗拒的，当她的手伸出，快接触到娃娃时，**她出现了幻觉：孩子伸手抓住了自己的手臂。**

女主信以为真，非常高兴。

验证幻觉

女主把孩子（娃娃）抱在怀里。男主走过来，看她怀中抱着的娃娃，伸手接触的瞬间。仿佛见到了自己的孩子，他也出现了幻觉：娃娃的手变成了孩子的手臂。

吓得男主赶紧松手。

10.1.3　警告

男主劝女主放下它，女主不听，还把钱给了制作娃娃的男人。

男人跟他们讲注意事项，并给出警告。

1. 游戏规则

男人来到他们住的地方，说他收集了房间中的能量，才让他们觉得可信。

游戏规则就是：不要抱娃娃走出房间，因为在屋外，母亲怀里的孩子会重新变成替代品的样子。**女主走出门口，验证了他给出的警告。**

2. 破坏规则

警告很长……布娃娃每天要被放回盒子中，超出时间的陪伴会让使用者失去理智……男人说话的过程中，拿出一个沙漏，流沙代表了时间。如果他们不遵守时间，后果与自己无关。

沙漏的玻璃映衬出男女主人公的日常生活。流沙流动，两人开始争吵的画面，直至女主拒绝将娃娃放回盒子中，并把沙漏扔在地上，沙漏破碎……

10.1.4　危机呈现

一天早晨，女主给娃娃喂早餐，厨房堆满未洗的盘子。男主进来跟她打招呼，她不理。这应验了男人的**第一个警告，超时的陪伴会使人失去理智**。

呼应警告（葬礼）

男主谈往事，谈到两人应振作，女主忘记了孩子的意外，反问男主什么葬礼……这是应验了男人的第二个警告，超时的陪伴会使人忘记过去。

10.1.5 转折

男主为了让女主清醒，拉住她的手，硬把她往房间外拖。他想让妻子清醒，让她看清怀里抱的不是自己的孩子。

事与愿违，到了屋外，女主变成了替代品，男主惊住了。

1. 揭示与沉迷

闪回，女主自杀的原因：男主见妻子无法恢复正常的生活，终日生活在幻觉之中，就把娃娃藏了起来，导致女主自杀。

男主接受不了这个现实，又找到替代品的制作者，要让妻子重新"回来"。

2. 走向暗黑

男主将女主的"替身"抱回房间中，女主恢复了原样。男人抱住她，**桌上两个打碎的沙漏。**

结束……

整理影片中的问题。

> ### 提问
>
> 谁是主人公？男人还是女人？
>
> 主人公最后结局怎么样了？
>
> 男的是主人公吧，对这一点有异议吗？

10.2 魔法道具《命运的玩笑》

放映最后一部片子，咱们就开始各组讨论。接下来，大家看的这部片子属于影视中的常见类型：主人公有超能力，使用的道具有魔法，帮助主人公实现超能力……我们来看看这是怎么做到的。

下图是整场戏的机位设计和调度。

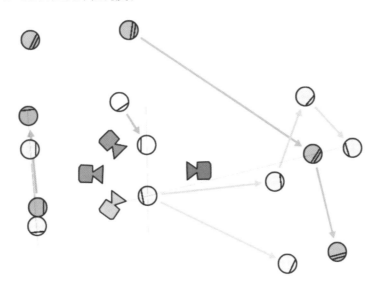

10.2.1　主人公困境

男主在机场的候机室，坐在椅子上，长时间看着手中的照片，打开钻戒盒子……坐在他旁边的一位推销员，看到他手中的钻戒，恭喜他。

男主回复：她没有同意。

1. 误会

男主失望，早就应该知道这个结果。

推销员说："你确实早能知道"（一语双关）。

备注：两人说的不是一个事情，**人物对台词的误解，透露出"预测"的潜台词，**保持悬念。

2. 神奇道具

推销员拿出一个旅行箱，打开，并拿出放大镜给男主。这是一个机场的微缩模型，男主看到两人走路相撞的画面。不一会儿，在现实中，重现男主刚刚看见的画面。

注意：一人因为看他们，所以才相撞，**改变现实是因为他们的"观看"。**

10.2.2　设定目标

推销员开始推销。

提问

可以提前半分钟，看见即将要发生的事情，这就是未来，想要吗？

1. 表达观点

举例说明，推销员谈自己与上一任女友相处，占尽先机。

注意：为什么是上一任？

潜台词：未来并不因为你能看见，就可以左右的。

2. 悬念

男主通过推销员的"箱子"，看见一个女士失手弄洒了咖啡。不一会儿，这个女士出现，推销员鼓励他……

10.2.3　努力

男主走过去……男主改变了未来，他接到即将落地的咖啡杯。

坐在姑娘旁边搭讪，聊天。

成功

男主成功签约魔法道具的使用授权。推销员帮男主找到了新女友，男主也帮她顺利登机。

提示： *45 个工作日的使用权，应该是一个错误。箱子应该交给男主，不然这个签约也不成立。未来男主通过什么去看到"未来"呢？*

提问

推销员到底卖给了男主什么？

这个没有交代清楚。

10.2.4　反转

男主离开的瞬间，停顿，有所留恋……转身，登机。

推销员看旅行箱，看到男主照片中的女友在机场……果真，她出现了，找人……

改变未来，也许比不改变更差。

10.3　各组选片

下面同学们一组一组来选片。

选片	
一组 　　组长，把黑板擦一下，你写上你们的选片。 **二组** 　　二组抓紧时间。 　　你选被动型了，现在有故事了吗？ **三组** 　　先说一下，选哪个了？ 　　再想想。 **五组** 　　《不相信梦想》是吧？ 　　那你可以在反结构和喜剧里再选一下。	**备注：** 同类型的片子只能选一条，每组的选片最好不要重复。 　　可以选两个，到时候再深入讨论一下。 **六组** 　　魔法道具，有思路了吗？ 

10.4　机位设计

为了让大家拍得更完整，讲解一下镜头的机位设计。现在大家的基础都有了，怎么能够拍得更好？

以二组昨天的视频作业为例。

> ### 剧情简介
>
> 一个洗发精的广告片，以一个"绑架"事件作为开始，最后再反转。

我们看这个镜头，以大景别开场。**选景的环境、场景有点乱**；在这种情况下，最好是以特写开场。然后，要分别给她们俩人表情的特写。

还原拍摄的机位

这是演员的位置，她们之间有一条摄像机的轴线。

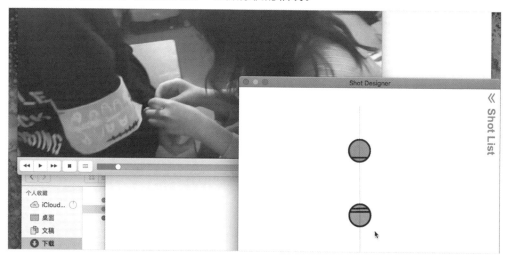

注意不要越轴，如果你机位放在轴线的左边，那另外一个机位也是要在这条轴线的同侧。她在解绳子的时候，即使两个人离得非常近，摄像机依然可以再给特写。

解绳子的镜头，起码要换个角度拍　条，然后再单独给演员特写。不给特写的话，这种闻洗发水香味的感觉出不来。

被绑着的这个人，也要给正面机位，需要给特写。

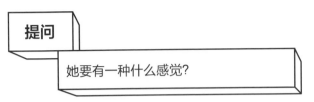

提问

她要有一种什么感觉？

被绑的演员要有一种急切、呼救的感觉。这里一个长镜头拍下来，没有换景别，而且机位是越轴拍摄了。

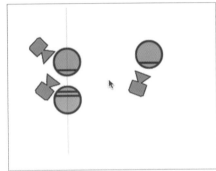

10.4.1 轴线问题

在拍摄过程中，不能拍着拍着，下个机位 180° 跑到轴线的对面拍。这样设计机位就不对了。除非设计的轴线是横着的。

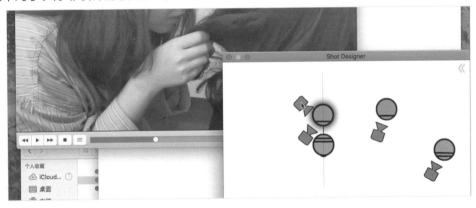

看我们的演员，没有给她正面的表情，有点小遗憾。

当演员被洗发液的清香吸引，很享受的时候，安排"导演"进来。

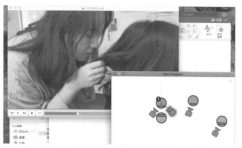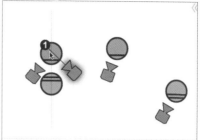

10.4.2　站位遮挡

"导演"（左侧）进来之后，有一个问题就是：跟着一起走过来的这位同学（右侧）被挡住了。常规来说，演员在画面中都是要露脸的，**你的站位一定要露出自己。**

你不能跑到她身后站位，不能让别人挡着你。因为在画面中，观众想要看到的是你们俩的样子。这是摄像师的问题，拍摄时要注意看画面，如果有遮挡，要提醒演员重新站位。

在这个场景中，右侧演员（被挡的人）说了半天，观众根本不知道谁在说话，被挡得特别严实。

10.4.3　地上的标记点

大家拍摄的时候，地上需要画一个标记点。提前排练时，要看画面，根据画面再确定两人站位的合适位置。用粉笔画一个标记点，保证你们每次走位都是一样。

另外一点，你就拍一条，景别太单一，必须要给"反打"镜头。

有个小技巧，就是推近给特写。这样拍摄完，就相当于是两个机位，四个镜头。

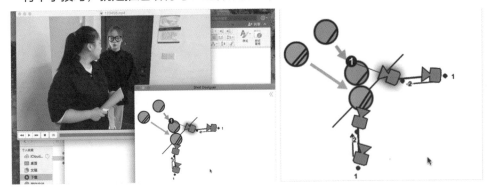

10.4.4　接戏

看到这里，值得表扬的一点是：演员始终入戏，闻着头发的清香，非常投入。

这个戏接得挺好。不同机位中，演员一定要接戏，感觉到位。而不是上个镜头有动作，下个镜头就变了，这会导致戏接不上。

问题是新角色出来得太突然了。

而且，既然是创作，就得把这个品牌名称改个好玩的。

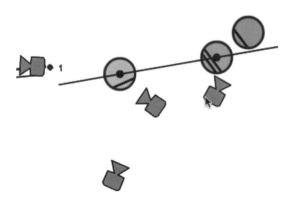

还是这个问题：就拍了一条，就一个镜头，用全景把人物都带进来了。

不是不可以，更好的方式是左右站位的演员单独给镜头。一场戏，至少得拍三遍，才能够把整场戏的多景别带全。

老师做了一条 180° 的轴线，之前摄像机的放置都没有超过轴线。如果越轴放置摄像机进行拍摄，画面剪起来会别扭，这是一个关于横轴线的越轴说明。

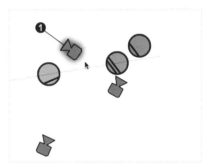

摄像机要架设在轴线的同侧，这是关于整场戏的机位说明。

二组，下次作业要再仔细一点。

10.5　制作分镜表

提问

当你不明白机位的放置，感觉乱了，理不清应该怎么拍时怎么办？

有一个方法可以解决：做表。

做表格，把机位都提前写出来，以三组视频作业为例。

打开文档，制作表格。

一个镜头，最少要拍两遍，才能比较完整。

提问

应该怎么写呢?

我们看着片例,实际操作一遍。

这个镜头中,有一个帅哥……

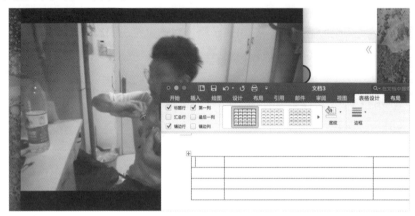

表格中间写镜头内容,表格右侧写景别。

第一行:"帅哥,拿饮料",这是中景。

第二行:"帅哥,拧开盖子",这是一个特写。

第三行:"放在嘴边,喝",特写。

这三格是一个机位,不同景别拍了三遍。

可喜的一点是这组同学拍了反打。

反打

在演员的背面有一个机位，同时在这个演员的正面也有一个机位，都进行了拍摄。

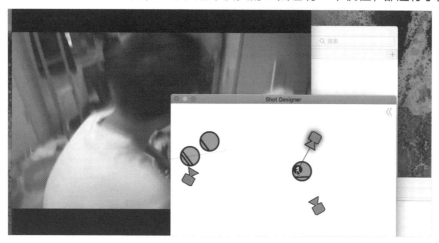

反打的内容也写上（有反打：相当于是把这个镜头拍了两遍）。

这一组镜头命名为：01。

拍摄现场带上下面这张表，**拍摄完就检查，基本上就不会丢镜头。**

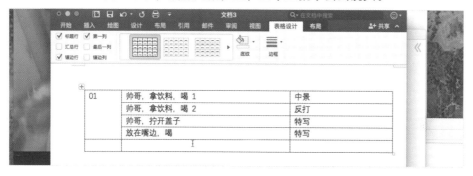

如果缺镜头，还要再把大家重新组织起来，那实在是太折腾了，所以争取一次拍摄完成。

这组同学的片子缺少的也是特写。

例如这个演员，出场的时候没有特写，而且他身后还有个候场的演员，这都穿帮了。
拍摄这个镜头的时候，要让后面的人移个位置。

提问

你看宿舍这场景特别乱，最好收拾一下，你拍摄之前都不收拾吗？

再看这位同学演得挺好，是三组的"外援"。这位同学应该再给个特写。

镜头应该推近，再拍一个特写，要把演员嘴嚼的画面进行夸张处理。

上面分析了几组同学的作业，欠缺的就是一张分镜表。带着这张表，尽可能让拍摄不缺镜头。拍摄前把整场戏以表格形式写清楚。

有些同学使用的是 AVI 文件格式。

苹果电脑不识别 AVI 格式，常用的是 MP4 或 MOV 格式，视频文件可以压缩得更小。

10.6　Vlog 练习

今天的作业跟以前不太一样。

要交的视频作业以 Vlog 的形式表现出来，例如，我是一组的组长。

表现形式

大家好，我们组要在教室取景进行拍摄。我们的故事情节是……

一边说，一边情节则由同组的演员模拟出来。

在这场戏里面，我们的演员要穿什么衣服……这是教室这场戏。

如果有转场，转到餐厅，按照上述的阐述，把这场戏再进行一个说明。

剧情简介

各位同学大家好，餐厅是我们选择的第二个场景，将来演员要从这个门走过来……

各组组长，自行安排 Vlog 由谁来出镜。

提问

每组的视频作业清楚了吧?

就是以视频的形式串起整个故事和场景，包括服装和道具。

10.7　Premiere 练习

下面讲解 Premiere 的使用方法。

10.7.1　后期调整视频的音量

在屏幕左侧文件列表中双击，导入媒体，找到一组的视频作业。

例如，将一组的素材导入进来。

将素材拖到时间线上，并开始剪辑。

有同学说声音小的问题。时间线上声音是可以调整的，轨道分为视频轨和声音轨，如果想调整第一条素材的声音，**就把声音轨（波形）上的中线往上拉高就行**，声音变大。

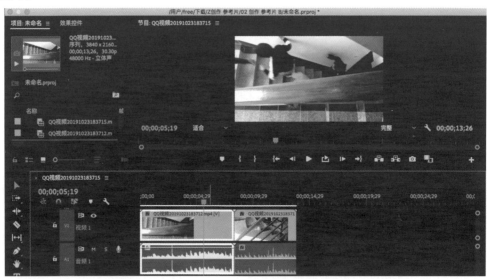

如果你觉得还不够大，先将声音轨与视频取消链接。因为默认情况下，视频和声音是链接在一起的。鼠标右键，在弹出的快捷菜单中选择"取消链接"命令。执行这个操作之后，声音与视频分离，可单独进行复制、移动、编辑。

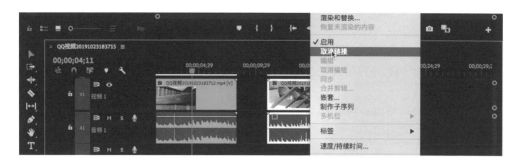

10.7.2　复制音轨

如果觉得声音小，在当前的时间线上视频轨和声音轨已经分开，按住 Alt 键，将选取的音轨往下拖动，就复制了一条音轨。这个镜头的声音就加了一倍（噪声也加了一倍），基本上两轨声音就够用了。

仅导入视频中的声音或音效时，导入的操作与之前一样。我们想用某段视频中的声音，用"波形"图标"只抓取音频"到时间线上。将音频拖到音轨的下一层轨道上，操作成功，这个声音单独导入时间线了。

10.7.3　输出的区域

现在软件都比较智能，当你不设定时间线上的输出区域，软件也会自动对当前时间线上的视频和音频一同输出。比较保险的做法是：在结尾处按 O 键，定义输出的区间。

10.7.4　输出设置

　　按快捷键 Ctrl+M，打开"导出设置"窗口，设置非常简单，在"格式"下拉列表中选择 H264。

　　H264 底部面板显示文件大小：17MB（当前的视频）。

　　基本上 H264 就够用了，然后单击"导出"按钮，选择文件保存位置，就可以了。

　　H264"性价比"较高，强烈推荐。一个 5 分钟以内的短视频，可能也就十几 MB。有些同学交上来的作业都在上百 MB，两三百 MB，实在是太大了！

10.8　打磨作品

　　刚才用几分钟的时间，讲解了拍摄的技巧。

　　接下来的几天中就打磨一个作品。明天把整个场景过一遍，剧本雏形要出来。一场戏一场戏地慢慢拍，不着急。

　　咱们的课程，就是从前期到后期，让你看到一个完整的创作闭环。从写下的第一个字开始，一直到最终剧本的画面出来。

　　用一部片子验证你的故事设计，切身感受人物性格的塑造，体会故事结构的建立方法。

　　在后续的课程中，会不断地对大家选择的参考片进行精读、细读，进行细节分析，这是后续课程的安排。

第 5 篇

构图与场景

第11讲 剧本结构设计

本节课讲解了不同类型短视频的故事结构设计。创作一个故事的起点时，设计开篇并想好结尾，中间的反转要有力量，具有情感负荷……为了便于大家对这些抽象概念的理解，笔者引入了故事结构。

在一条假设的时间线上设定结构，里面有人物之间的关系，事件用线进行连接。要使每条线索的建构都有具体的事件，不是缥缈虚无的概念。故事结构可以直接呈现和检验短视频的故事逻辑。

以较直观的方式传达创作的思路，大家学习和感受这种图形化的故事创作，对于自己未来的创作，是一个提高"生产力"的好工具。

11.1 课程重点

本节课要完成剧本初稿，上节课谈到的以 Vlog 的形式进行故事主题阐述与场景的预览，这方面的训练还要加强。

下面给大家演示一下剧本到结构图表的转变过程。

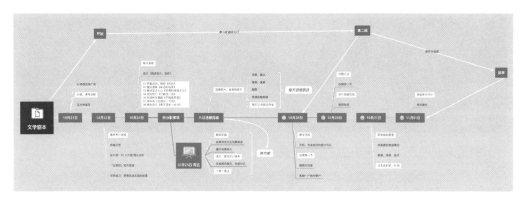

这个环节对整个创作周期来说，属于一个焦灼期，也就是说，我们将会深入剧本的结构中。一组一组地过，一个剧本一个剧本地打磨。

给大家两天的拍摄时间完成大作业。我们后四天的课，就不断打磨剧本，完成开机前的各项准备工作，开始深入创作的核心。

11.2　场景的重要性

给大家看一下之前在本地开机拍摄前的选景照片。几年间，先后在此拍了几部片子，在这些大街小巷中有很多漂亮的场景。

像稻河古街的小巷子，很有艺术氛围。

像这些住户，原本也都不认识，但你跟他说想在这里取景，拍个片子，尤其是拍摄学生作业，很容易获得他们的支持。

因为我们做的事像一个造梦者，**能创造梦想，创造美好。**

例如这家理发店，拍摄的时候，就把它取到一部片子里，很有年代感。

目前，拆没拆就不知道了。可能接下来大家看到的很多场景已经不在了，因为古街那边会拆旧更新。

这是上一个班的同学（四组）拍的 MV，利用周六、周日找了很多场景。

他们把所学的构图都用上了，上个班的第四组很优秀，多次作业都有亮点。

他们有一次拍摄取景，是在咖啡馆里边，就是在学校周边找了一家咖啡馆。点杯咖啡，**在人家生意不忙时，取景完成拍摄，给故事"加分"**。

11.3　Vlog 视频中的问题

今天会对影片的结构深入讲解。

老师看了一下昨天交上来的作业。剧本创作有两组没有完成，分别是第五组、第六组。

昨天拍摄的 Vlog 视频（二组），要在餐厅取景，不好拍，**而且收音问题解决不了**。这么多人看着你，你得摔多少个餐盘，才能把想要的镜头拍出来，你们要再考虑一下。

在你们录 Vlog 的时候，你看有个同学一直在看着，在正片里这会成为明显的穿帮。转场到室外，声音明显好很多。因为是使用手机拍摄，在餐厅这个场景里几乎没法收声，这些问题要考虑。

竹林，这个场景选得挺好。主人公出镜阐述事件过程，后面两个"侠女"正在"练功"……包子、剪刀、锤子，实力抢镜入画（在片场，同学们很容易就自嗨起来）。

声音太小，手机不稳，画面太晃了。

看到你们的场景，就能对未来的成片效果有一个预判。

11.4 故事结构设计

下面讲解一下故事结构，我们先来看一下各组所选的故事类型。

	类型
	1 组 被动型
	2 组 被动型
	3 组 开篇成功
	4 组 魔法道具
	5 组 反结构或戏中戏
	6 组 魔法道具

11.5 被动型主人公《宅男的英雄决斗》

被动型主人公被两组同学选了。那咱们就先从参考片开始。

剧情简介

　　主人公走在马路上，身后跑来一个小偷。小偷为了避开他，自己撞到了电线杆上，昏死过去。主人公看到地上有一个包，拿起来；失主跑过来，感谢主人公帮助了她。

　　主人公看到姑娘漂亮，就说这是应该做的，平时练习打拳就是为了这时能用上。女主请他吃东西，两人谈拳击比赛，说到兴头上女主请他示范，结果碰伤了男主的鼻子。

　　女主为了能让主人公开心，就带他去了一个自以为他喜欢的地方：是一个地下的拳击场……

　　主人公被推上擂台……

一组组长请上来，画一下影片的结构。

老师教你，你画就行，在黑板上画。

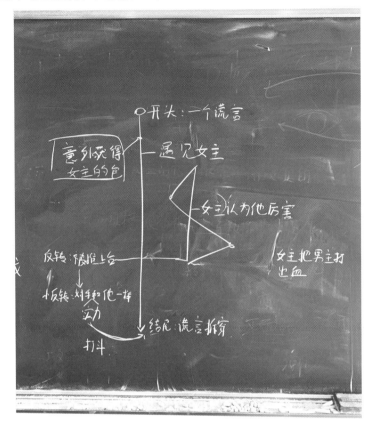

开始做结构，先做开篇。

提问	开篇是什么?

开篇是：一条时间轴。先画一条直线，从上到下，代表故事开头到结尾的方向。

提问	结尾是什么?

结尾是：比赛结束，主人公打输了，谎言被揭穿了。

那开头的就是：一个谎言。

主人公冒领了他人的"成果"（一个误会产生了）。

把开头写下来吧：一个谎言。现在写没事儿，一会儿我们再改。

11.5.1　有力量的反转

这样的开篇和结尾，**才是一个具有情感负荷的、有力量的反转**。这与老师前两天讲的：故事中主人公开头失败，到主人公结尾走向成功，是一个道理。

> **提问**　最重要的一个转折点是在哪里？

主人公被推上擂台。

你可以在时间轴线上找一个地方，在你认为起到转折作用的地方，从中间这条主线上往旁边画一下。

> **提问**　他被推上舞台之后发生了哪些事情？

对手出现。

对，这是反转中的一个事件。这个层级关系就往下划，在它的下一层。

好，从这个小反转到结尾连一条线。

> **提问**　这条线中间发生了一件什么事？打什么？

对，他们俩有一个打斗。

> **提问**　这个谎言是怎么建立起来的？

11.5.2　遇到女主角

这是一个重要的事件，在主线上找一个位置往右画一条线，连接至"遇见女主"是吧！

> **提问**　在遇见女主和被推上台之间发生了什么事？

准确地说是：谎言被拆穿的一个前奏。

主人公撒谎，这里面有一个转折。从"被推上台"这个位置引一条线出来，

往右画。再引一条线，连接到"遇见女主"。这是一条曲线，中间这条直线上面
有一条曲折的线。

| 提问 | 女主认为他很厉害对不对？ |

找一个位置写一下。

然后，女主为了取悦他，因为他说自己打锦标赛。

| 提问 | 女主为了取悦他，带他去了一个什么地方？ |

来到了地下室，然后才把他推到舞台上的，对不对……

所以你从"认为他厉害"下面引一条线，连到"被推上台"。

对，很好。

| 提问 | 这两个事件中间，有一个什么事儿呢？ |

他从身后抱着女主，结果女主用头一磕，抬头把他鼻子差点磕出血。

把这个写上。

11.5.3　误以为是英雄

开篇，到主人公"遇见女主"中间，还有一个小情节，你构建一下。

| 提问 | 有什么情节，让女主误以为他是英雄？ |

就是：意外。

一句话总结就是：意外获得女主的包。

好，老师调整一下你画的结构。

提问	
	主人公的对手跟他的"情况"一样，两人都被推到了擂台上。他们有一个"打斗"，结局他怎么样了？

摔倒在地了，是吧？

来，请回。

大家看一下故事结构，里面有人物关系，事件的连线，意外事件的发生……

从开篇开始。

提问

直线就变成了时间轴，比如说开篇两分钟发生了什么事情？

开篇到反转，用了几分钟？

在第四分钟时发生了什么事情？

最后两个人打斗的时候，结尾环节共计两分钟的时长。

在一条假设的时间线上，我们可以这样设定结构。

提问

现在，给大家十分钟时间，各组用刚才的这个故事结构，把自己组的故事给反推一下，看看问题出在哪里？

你的结构与参考片的结构，在比较的过程中，还缺少什么？

在你的故事中，有没有这样大的反转？

有没有这样情感的负荷？

给大家十分钟，各组讨论一下。

……

11.6　走向深渊《替代品》

下面看一下四组的参考片。

提问	开头是什么？

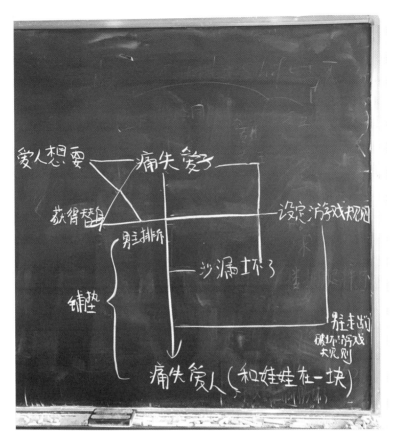

买娃娃给他。

| 提问 | 结尾是什么? |

……

11.6.1　开篇与结尾

先写一下开头："痛失爱子"。

结尾是："痛失爱人"。

画条线，从开始到结尾。

把你总结的话放在结尾括号里，你说的话也很重要。

现在这个开头和结尾，就更清楚一些了。

| 提问 | 转折点在哪儿？ |

这个片子的转折点是一件具体的事。

| 提问 | 转折点是不是沙漏坏了？ |

找一个地方画一下转折点。

要画得坚定一点，"沙漏坏了"是一个转折点。

11.6.2　制定规则

先做整体结构，"痛失爱子"到"沙漏坏了"，中间有一个事，比较重要。

这叫制定规则。找一个点画一下，在"痛失爱子"与"沙漏坏了"中间，往右边画，起点是"痛失爱子"，画下来，连上"沙漏坏了"。

在刚刚连线的中间，找一个点写一下"设定游戏规则"。

本片有一个重复设计，你说的是比较粗俗的一种讲法。

"设定游戏规则"之后，第一个"替身"是女主人公"依赖"的对象；第二个"替身"是男主人公"依赖"的对象。

| 提问 | 男主人公什么时候开始"沉迷"？ |

找个节点，从"设定游戏规则"画下来，跟主线要连接的。

| 提问 | 什么时候破坏游戏规则了？ |

"男主走出门"，就是他自己破坏了游戏规则。这里要强调的是：再一次；第一次是女主验证规则。就结尾之前，很好，没错。

下一行接着写"破坏游戏规则"，基本上就是影片的结尾了。

在"设定游戏规则"与"痛失爱子"的中间，往主线上连一下，画直一点儿；再画，往左边画，完全连接上。

从这边到"痛失爱子"之间，画一条封闭的直线形成一个三角形。

这里需要注意，不叫"买娃娃"，而应该叫"获得替身"。

| 提问 | 看大结构出来没有？ |

"获得替身"的时候，是有一个反转的，想一想……

11.6.3　曲线与节奏

剧情设计不是：叫你给我五块钱，你说行；然后，你就给了我五块钱。而是：我说你欠我五块钱，你得给我；旁边，你女朋友说不要给他，他是个坏人，这叫曲折。但最后你还是把五块钱给我了。

引申到这个事儿上，要说清楚……主人公的妻子要买下"替身"，是强烈的意愿要买。但主人公并不希望她买……这个转折要画出来。

老师告诉你怎么画，"痛失爱子"与"男主排斥"找到中点，画一个三角形连一下。然后在终点往"获得替身"这里，画一个反三角形。

这样画也行，也挺好，连上"爱人想要"。

获得替身的终点是："男主排斥"。**正是因为男主的排斥，造成诱导观众的主因，这叫转折，也是一个铺垫。**

从"男主排斥"到"痛失爱人"，画一个大括号，这是一个铺垫。

这是本片的铺垫，写一下。

| 提问 | 铺垫起什么作用？ |

就是引导观众产生对结局的猜测，然后再反转。

11.6.4　先讲大结构

现在对结构清楚了之后，试着讲一下……

讲结构不要急，先讲大结构，再讲小结构；你讲的好像是另外一个故事。

但是能把这个故事结构画出来还是不错的，尤其是刚才那个转折。其实，本来老师没想这么画，但你创造性的一笔，就有一个沙漏的造型，这就更符合本片的特点。

好，掌声欢送 下。

这个片例其实不叫魔法道具。

这是真正意义上的从一个失败走向更大失败的故事。

大家按照刚才所讲的这种故事结构，看看对自己的剧本有什么借鉴和参考。

给大家十分钟时间，还是分组讨论一下，等一会儿五组准备。

11.7　反结构与喜剧《不相信梦想》

来，五组组长。

开篇是什么？

写一下，"为了梦想存钱"。

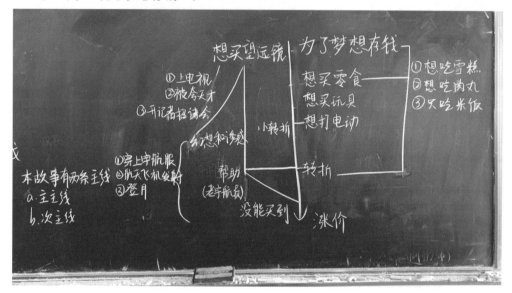

结尾是：涨价。

提问

咱们讨论一下，这是开头和结尾吗？

没觉得。

"存钱"是主人公在影片中的一个推动事件。

"想买望远镜"，这是开头。

| 提问 | 先别擦，在主线的左边写，这回结尾清楚了吗？ |

11.7.1 梦想要落地

通过大家写的三个故事结构，发现一个共同的特点：**对开篇和结尾的提炼，过于缥缈虚无。**

例如，为了梦想。梦想，需要落在实处，形成一个事件。"想买望远镜"，是一个具体的事件，而且目标明确；结尾是没有买到，任务失败，目标没能实现……这不就是与常规的影片结局: 主人公成功的结构正好相反，所以这类片子被称为"反结构"。

存钱，是主人公的一个目标，但并不能称为结局事件。

| 提问 | 主人公遇到最大的困难是什么？ |

没错，是诱惑。你从主线左侧"想买望远镜"，到"没有买到"，再连一条线。这条线的左侧写：幻想和诱惑。

备注：不同类型的故事结构都是不一样的。

"诱惑"是主人公要克服的困难。

| 提问 | 那我们的主人公的老师是谁啊？ |

帮助他的人是：一位老宇航员，这是影片的一个转折点。

找到这个转折点，主线偏下的位置，右边这条线是主线。与"幻想和诱惑"这条线做直线连接。这个反转，差点使主人公存钱的目标动摇（投币打电动）。

这里是一个转折，在主线右侧写"转折"。

| 提问 | 谁帮助了他？ |

"老宇航员"，写出来放括号中。

11.7.2 克服"困难"

在主线的右侧，从"为了梦想存钱"和"转折"这块，连出矩形的线。

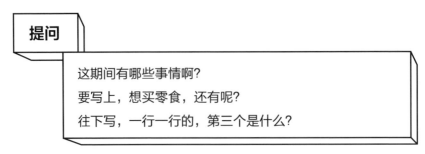

这期间有哪些事情啊？

要写上，想买零食，还有呢？

往下写，一行一行的，第三个是什么？

对，就是打电动是吧。

主人公克服了很多"困难"，最后在打电动这里差点没有"把持住"。

从"想打电动"，往主线上连线，这是小转折，写一下"小转折"，往左边写。

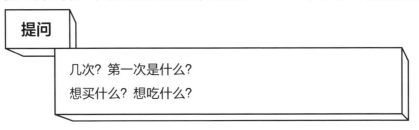

"想买零食"结构上还要分出三个事件，还记得吗？

把"想买零食"往右边这条线上连，然后把 1、2、3 事件写在右侧就行了。

几次？第一次是什么？

想买什么？想吃什么？

想吃雪糕。

第二次是什么？

对，肉丸。

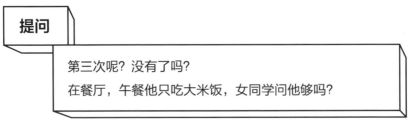

第三次呢？没有了吗？

在餐厅，午餐他只吃大米饭，女同学问他够吗？

第三次，只吃大米饭。

你看每一个事件里面都有细节。

提问

为了构建"为了梦想存钱"这个事实，主人公有着怎样的幻想？

没错，从"幻想"到"想买望远镜"做一个连线，斜线连接。

提问　哪些事？

有好几次，上电视节目第一个，在左侧写。

写上"上电视"，还有呢。

别人夸他是天才。

提问　第三个是什么，跟宇航员开发布会吗？

"开记者招待会"。

11.7.3　小高潮

主人公的幻想也是有节奏的，由低到高，从准备到目标实施，有一个小高潮……从"幻想"到"涨价"区间画一个大括号，在左侧。

提问　在这个区间内发生了什么事情？

主人公乘航天飞机出发，一直到登上月球。

第一个是穿上宇航服。

提问　第二个是什么？

航天飞机发射，是吧？

提问　第三个是什么？

登月。

没错，很好。

这个故事有两条主线。而且，**每条主线的构建都有具体的事件，不是缥缈虚无的梦想，**而是一个个落到实处的"内容"。

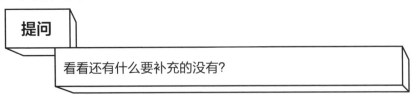

提问

看看还有什么要补充的没有？

写一下这个故事特点，总结性发言，在左面写，找空的地方。

故事有两条主线：主主线和次主线。

买望远镜的主线落空，这是主主线；幻想成为宇航员登月"实现"，这是次主线。

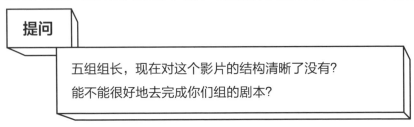

提问

五组组长，现在对这个影片的结构清晰了没有？

能不能很好地去完成你们组的剧本？

可以是吧，好。

大家看看这个故事对自己的组有没有借鉴和参考，给大家十分钟的时间，小组讨论一下。

11.8　魔法道具《命运的玩笑》

四组选择了魔法道具作为创作参考片，请开始。

在影片中，每一个人物设计、铺垫，都可以用线把它们连在一起。这样，当大家构建故事情节的时候，就会清楚地知道它们应该出现在哪里。

这个案例老师只讲提炼的重点，大家自己画一下故事结构。

11.8.1　开篇与结尾

开头可不可以理解为："求婚被拒"。

> **提问**　结尾是什么?

错失机缘。

"错失爱人"更具体一点。

> **提问**　他是求婚被拒吗?

回想一下,有个戒指,有张照片。

> **提问**　装戒指的盒子打开,里面有一枚钻戒,为什么要拍合上的画面呢?

合上盒子,有被拒绝的意思。这是镜头语言的一种表现形式。

如果不要这个镜头,盒子没合上,就意味着"求婚"可能会成功。但此时,它合上了,主人公情绪低落,而不是很愉快。

开头台词设计"恭喜……",这是有好事儿、有喜事儿的祝福用词。通常情况下,生活中出现钻戒,都会被人恭喜的,但主人公却情绪低落,再通过台词"言外之意"就更加明显了。

> **提问**　这可以作为开头吗?

好,把开头与结尾用一条线连接。

11.8.2　转折点

> **提问**　整个影片的转折点在哪儿?

出现可以预知未来的道具。

> **提问**　发生什么事了?

一个奇怪的男人出现,跟他推销这个"神奇"道具。"奇怪男人"出现,这是一个小转折点。

提问

> 他怎么把他的产品推销成功了呢?
>
> 一共是几次展示这种产品的能力?
>
> 最后让男主购买这个产品,购买了这个服务,
> 一共是两次,对不对?

很好,在下面写一条。

11.8.3　神奇道具发挥作用

提问　这两次预测,其一是什么?

两个男人撞到一起,这是第一次预测。

提问　第二次预测在哪?

一个女乘客的杯子被碰倒,咖啡洒了一地。

提问　机场搭讪姑娘,搭讪成功了吗?

写"成功搭讪"。

11.8.4　最后的错失

也就是我们的男主其实有一次机会,可能会与前任"破镜重圆"。

提问　在哪里?

他用"魔法道具"看了一下,知道了女生登机牌放的位置帮助女生找到登机牌。最终,错失爱人。

让我们假设一下，如果他找不到登机牌，他跟女生之间可能还会有变数。

11.8.5 结尾时的反转

主人公不知道的重要事件……

提问 | 奇怪的男人，他看到了什么？

他看见男主前任爱人来到机场。

提问

如果让你拍一部魔法道具的片子，你有什么想法要跟我们分享一下？

有一个比较重要的信息：主人公使用道具之后，其结果比不用更差。

如果他不用这个道具，也许他与爱人还有复合的机会。但用完了之后，他找到了新的目标，他与前任复合的概率变得更小。

道具比不使用之前，其结果更差了，这是非常重要的故事逻辑。

四组组长，你们这次创作的故事，有"从未来发回信息"的设置。

刚才你们组的一位同学，画了另外一部片子的结构。你们参考两个结构的话，要把这两个故事综合在一起了，难度是挺大的。

来，请回，表现不错，掌声鼓励一下。

各组同学，还是给大家十分钟时间讨论一下。

11.9　开篇成功《机会》

三组组长画的故事结构不再细讲。大家看完影片，尝试着自己画出故事结构，对比着看下，是否能对你的故事结构设计有所借鉴。

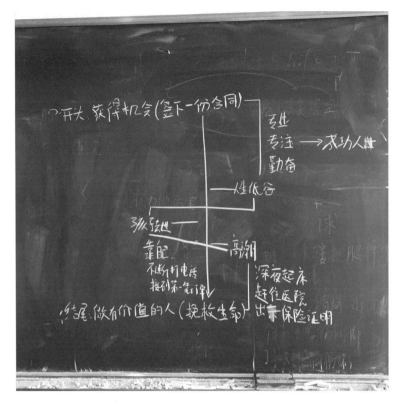

接下来，我们开始一组一组地把剧本精修一下。

11.10　总结

今天的课上，老师带各组把剧本结构讲了一下。

以前大家写剧本，是想当然写，或者是学了一点儿新东西之后，小组讨论着去写。今后的创作要带着结构写剧本。

第12讲　解读构图

　　短视频的拍摄需要构图的知识，而对构图训练较为有效的一种工具就是我们的手机。手机的拍照功能已经非常强大，画面清晰度不亚于入门级的单反相机。

　　记住一些让构图具有美感的规律，然后进行构图训练，对于提升画面的审美是有帮助的。学习构图不仅限于构图的形式，例如水平构图、中心构图、明暗对称构图……更要了解美感构图产生的原因。图片虽然是静止的，但里面的元素却营造了一种动势，运动的方向从构图上延伸了该物体的"运动"。

　　构图，就是在拍摄之前找场景中各元素的特点，对其融合。囊括有用的，舍弃无用的，为构图留出一个"透气"的空间，弥补了空间中留白的空旷，画面变得活泼、生动。

　　下面把昨天拍摄的照片给大家讲一下。

　　昨天拍摄的照片，这里仅挑出来几张。室内（教室）的构图，可讲的很有限。老师补充了一些和同学们在黄山实训时用手机拍摄的风景（室外）照片，跟大家聊一下外景构图。将来同学们在做室外选景的时候，希望对构图方面有所参考。

　　目前手机的拍照功能已经非常强大，画面清晰度非常高。所以，用手机作为主要拍摄器材，能拍出好看的照片和视频，也有很多可讲的内容。

12.1　构图与动势

大家看这张照片构图的中心区域。

几个桶在画中，第一眼看感觉不是很好。当时拍摄的时候，老师觉得它与整体环境，不管是色彩还是纹理较融合，就带上旁边这辆摩托车，完成了一次取景。

大家看摩托车在这个场景中停放的方向：它虽然是静止的，但是它车头在空间中，营造了一种动势。"运动"的方向正好是路，从构图上延伸了车的运动感。

　　构图，就是在拍摄之前找场景中各元素的特点，对其融合。有用的囊括，无用的舍弃。

12.2 "最高点"构图

　　这张照片中，这栋房子的轮廓成为画面空间的"隔断"，这是早晨六点钟的光影效果。

　　走在小巷子里，常常会拍摄这种仰角的画面。为了避免房子作为主体的单一，在画左取了一簇叶子，使之成为画面"曲线"的顶点，让画面统一、连贯。同时，也弥补了空间中留白的空旷，画面变得活泼。

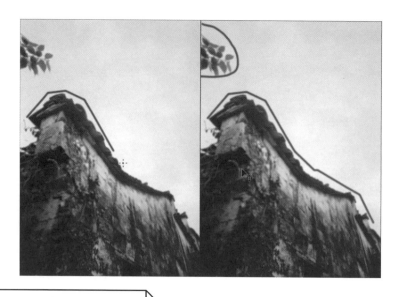

12.3　明暗对称构图

下面这张风景照片，如果是竖幅拍摄，更能突显建筑的美感。

也试了一下横幅拍摄的画面。横幅构图与建筑的高耸相互冲突，并不和谐。反而是在竖幅构图中更能突显其特点，虽然说前景有棵树阻挡了视线，使画面稍显杂乱。

在拍摄时要注意这一点，使这棵树与画右的建筑物在区域上平分画面，使画左的"暗"与画右的"浅"实现对称。尽可能借颜色的对比，规避树的杂乱，形成错落有致的感觉。

12.4　放大构图

在取景时，如果前景毫无规则可言，感觉很乱的时候，可以考虑突出混乱感，放大场景中"杂草丛生"的感觉，也是一种拍摄手法。

在现场，对这个场景变换了几个角度，发现对最终效果的改进十分有限。所以，考虑在这个空间里找思路：将建筑物作为背景处理，位居画右，画左留出一个"透气"的空间，把前景的杂草作为主体，建筑物为辅，以一种向画右偏重的"动势"，完成了这张照片。

12.5　打破中心构图

有时候，像下面这样的取景就没有必要非得中心构图了。

我们可以把手机往上微仰，考虑用竖幅拍摄，把画左的路面带上一角。远山、建筑物为辅，实现层次和明暗的渐进感。

这张照片把场景中心提到了画面三分之二处（从底向上）。

12.6　结构构图

　　建筑物自身的结构很容易区分，构图时可借这个结构，再从画面中找能够形成结构的元素完成取景。在下面这张照片构图中，将沟壑作为前景，使暗黑与浅灰形成接近一比一的对比，使之也成为结构的一部分。

　　第一、二层建筑物与前景形成了三等分的结构形式。

这张照片给人一种荒芜感，因为其主体并不是建筑物。黑色系在画面上显"重"，虽然它只占了构图中较小的那部分，但它所营造的感觉却是压倒性的。

当有其他的元素与主体构成相叠加的时候，一眼看上去还是以主体效果为主。

12.7　纵深加强构图

在拍摄的途中，我们通常会走很多路，有的路一眼望不到尽头，感觉很长。

提问

对于这种司空见惯的，具有纵深感的路，怎么去拍摄？

我们可以在构图上找路的曲线，用弯曲强化视觉的纵深感。

同一个场景，在不同的早晨拍摄了两次。

下面这张照片是再次路过时偶遇的一位老人，早起抽烟，抓拍一张。虽然画面中有了人物，但纵深的路作为主体是不变的，人物和其他的景物均为辅助。

昨天有同学提问，对景别还不是很了解，可以说是概念模糊。

在解读照片构图的过程中，再给大家讲解一下这个知识点。

12.8　倾斜的构图

　　有时把景和物拍斜了，但并不是废片。

　　一点透视、二点透视、三点透视……这些透视的原理是从构图中总结出来的，物体的倾斜只要还在透视之中，倾斜就是"正常"的，或者说是"灵动"的。

　　以这张照片为例，不想把整个建筑物拍得"横平竖直"，在场景中找角度的时候带出这样的倾斜感，也是一个不错的选择。

12.9　充满构图法

在这些照片中,有一种回家的感觉。

家的感觉,多数情况下都是房子构成,因为文字也是从人看到的画面上逐渐演变而来的。一户人家的门房和外墙构成了前景,院子中其他房子的一角,对主体的"家"实现一个补充和点缀。

也就是说,在这个层层叠叠的空间里面,看到了一个个小的家庭。

在拍摄时，尽可能使代表家主体的部分充满整个构图，使其层次分明，有远近效果。为了避免画面单一，带了院墙的一角。

当我们要通过照片表达一种感觉的时候，尽可能放大主体在画面中的比例，用充满来形容特别大的东西是再合适不过的，要大到能让人可以伸出手臂就可以触摸到。

因为感觉是一种很细致、很具体的视觉抵达。

12.10 质感与纹理

近景也可以有空间感。

要拍摄物体的纹理，需要的景别是近景或者特写。景别是根据人物在画面中的比例进行构图的区分叫法。针对学影视专业的同学，我们就"借来"一用，配合讲解照片的构图。

拍摄树的纹理是个不错的练习，为了画面够活泼，将纹理处理成前景，让画面跟树的枝叶一样，找一个穿透过去的远景。透过树枝，路向远方延伸，使充满前景的画面有了更广阔的空间。再带上同一透视空间中的房子，让少许的树叶也进入镜头中。

下面的照片以竹子作为前景，画面更显优美，还是前面讲过的那句话：画面取决于主体带给人的感受。在拍摄现场，老师没有走得很近，而是把镜头变焦推近，其结果会导致画面模糊、不实。

因为，场景中有一块走不过去的空地，但竹子又不想错过，所以有了几张有点"糊"的照片。

12.11 意境构图

让画面中有虚有实。我们常常听说要虚实结合，这是"意境"一词较通俗的讲法。做人可以实在一点，但艺术处理，可以虚的多一点。

像这张照片，实处的建筑、桥，感觉太乱了，所以就把树枝的柔美进一步地放大，使其大到可以抵消实处部分的杂乱。

当时在小屏幕上看感觉还行，但现在看来，树枝有点多，再少一些就更好了。

12.12　强调远景

这两张照片，跟之前讲纹理一节的竹子照片是同一时间拍摄的。

如果整体拍摄一处竹子，画面并不优美，枝叶太多、过乱。所以，我们穿过竹叶，让远景清晰，因为距离站位较远，所以画面有点虚。

12.13　射线构图

成为画面的主体，有时候并不是按照它所占区域大小决定的。

下面这张照片的亮点是位于底部的三角形木质器具。在画右相对开阔的空间里，角边的顶点实现了一种视线的引导。

反而是这个看不出形状的房子，因为它边角太多了，就显得没有个性，被大脑处理成为不显眼的一整块物体。

12.14　线形构图

在拍摄时，老师常常会在画面中找几何形体来完成构图。

几何形如果不明显，就找线条、线段。干净、简练也是一种构图技巧。注意图中地面的轮廓，是一段较工整的弧线。

把地面作为留白，占据底部三分之一处。

这种大的景深，两条直线由远至近，冲镜头……美中不足的是：画右的藤条和枝叶过多、过杂。大家平时多拍这类构图，有助于更好地理解透视。

12.15　保持整洁

　　墙壁上的植物实难避开，像这里杂草的感觉并不好，这是大家要注意的一点。

　　摄影是做减法，注意构图的同时保证画面精简。遇见好的构图，如果有避不开的瑕疵，在后期环节也可以想办法处理掉。不要错过它，多拍，多练，使用手机会让拍摄变得更加简单。

第13讲 选景与拍摄经历

把故事"装进"场景中，也是创作的一部分，剧本的故事情节不能是死板的，人物也不能被局限在某一个特定的场景中。

这节课讲解对场景进行变通的方法，使我们的作业不再像学生作业。学生作业的一大特点就是离不开教室、宿舍和餐厅这三点一线。

场景至关重要，因为有特点的场景会让我们的故事变得有光彩。

各组在选景时先讨论一下，平时在学校里遇见过哪些让你印象深刻的地方（内景、外景），然后再想办法将我们的故事"装"在这些场景中。

比方说，有一场戏，你原本想在宿舍取景，要拍两人的对话。这个对话也是可以挪到外景拍摄完成的。例如，两人在公园对话……千万不要局限在学生宿舍，否则会影响画面效果，使我们的作品难以获得突破。

13.1　学校宣传片

分享一下宣传片的取景和拍摄小演员的经历……

小演员的选择，可以在儿童影视表演培训班完成，也可以从小学各年级选出合适的小演员。2013 年，给一所学校拍摄短片，走了二、三年级的几个班，最终选出适合出演的小朋友。

小朋友们虽然年龄小，但跟他们聊天、交流，交代故事中的情节，解释要饰演的人物性格，他们接受得都很快。

拍小朋友的片子，会发现表演中很纯粹、直率、自然的部分。跟他们熟悉了之后，小演员们的试镜多数都放得开。这是当年试镜时的小演员，现在应该都初中或高中了。

有的小演员一亮相，就能让人眼前一亮，非常有演戏的感觉。

下图这个场景，就是当时拍摄时找的一个小院子。**作为主人公的"家"，完成一系列生活场景的拍摄。**如果拍摄时间不长，遇见合适的小院子，跟院子主人协调一下，完成一场戏的拍摄，画面质感确实不一样。

13.2　咖啡馆

咖啡馆是老师历次拍摄的主要选景地。

因为咖啡馆的装修风格多样，很适合取景。例如下面这家，一进屋里边还有一个小院子，非常古朴，坐下来待一会儿，会感觉到很舒服。

学校的宣传片中有一场戏，就是在这里拍摄完成的。我们把一架钢琴搬进咖啡馆中了，这是我们拍摄的主场景之一。

在这个空间里，实现一个由梦想到现实的幻化过程。

主人公少年时期追求音乐梦想，在她老师的帮助下，终获成功。

然后，主人公又回到这个梦开始的地方弹琴，年长的老师坐在旁边……其中一位主演也是一位音乐老师，属于本色演出，表现很赞。

下图照片也是常去的一家咖啡馆，这次我们进行演员的试镜。

咖啡馆的风格和场景，让影片打破现有的这种办公室常规的空间。

为了迎合客户，或追求风格化，咖啡馆可以作为大家选景的一个地点。最近几年，我们有几部戏，都放在不同的咖啡馆进行拍摄。

在一个很闭塞的空间，展开你的故事，即使对学生作业来说，也都不是首选。

老师希望大家的故事一亮相，就让人觉得高级。

这也是为什么在取景的时候，会将这些小院、小巷的元素融入影片中。

试镜的过程

李导与我相约在一家咖啡馆。这家咖啡馆并非像其他咖啡馆里有种法式浪漫，而是在曲径通幽处建一座别有韵味的老院子。

对于剧本的内容和拍摄过程，若不是李导有心留存这些照片，回忆便呈碎片化了。虽然只是彩排和试镜，在那个年纪的我，见到了从未见过的内容，原来分镜头脚本还能画得这样生动，原来书本上的叙事风格和拍摄手法真正用在实践中，却又是另一种全新的感觉——演员（蒋明婧）。

13.3　老街

看到这些照片的时候，有种回到过去的感觉，都是美好的回忆。

老师平时会将这些拍摄的场景照片分类整理。再次选景的时候，会提前看一下，有合适的情节可以迅速安排。

下面是 2014 年拍摄的另一部短片的选景。

镜头 2 是电线空镜，用于表现剧中人物的心境：主人公的孩子生病了，内心很烦闷和无助。镜头 3 至镜头 9，是老街的场景。

这种有年代感的街道，感觉非常好，有很多场景都可借来一用。

13.4　特校

下面的场景照片，拍摄于一所盲校，展示了盲校的小朋友们学习音乐的过程。

眼睛看不见光明，就少了一个观察世界的重要通道，孩子们被局限在一个较小的活动区间……而学习音乐像是打开了一扇大门，让孩子们有更多表达的机会。

在片子拍摄前，了解他们学习音乐的过程是不可或缺的一环。

看到他们写盲文，练习乐器的过程……

正常人可以看到，但他们只能靠摸。

所以每一次拍摄，都是一次学习，都是在自己未知领域里的一次成长。看到这些孩子，会感觉原来我们所司空见惯的生活，其实是如此珍贵。

13.5　巷子

　　像下图中的场景照片，都是平时看景的时候拍摄的。例如镜头 3，炊烟袅袅的感觉，就可以把它用到我们的剧本中：一个早晨，阿姨提着煤炉走出来⋯⋯

市井生活，新的一天开始了……**这些生活中的细节，可增加我们剧本的真实性。**

看下图镜头2中的这株植物，就在屋顶的瓦房上生根、发芽，生命力非常顽强。所以，小巷子也是中国文化的一个符号。

下图中的这个小院子，是《心曲》短片主要的拍摄场景。

一部短片，剧组二三十人，拍摄了五天，给院子的主人添了不少麻烦，也得到了主人最大的支持。

镜头5、6中的这位老奶奶是住户，试镜时请她来配合，给我们的演员梳头，最终奶奶成功出镜……在拍摄的过程中，有很多意想不到的事情。

再看下图这种小桥流水的感觉……

选景的时候，走进不同的院子，跟人打招呼，说明来意，拍张照片。

叔叔、阿姨们都很好说话。他们对影视拍摄的人既友善，又支持，支持我们顺利完成拍摄，给予最大的方便。所以说，一座城，因为这些年代久远的巷子，让人流连……**而我对它温暖的记忆，都放进了影片中。**

在小街小巷取景，是个不错的选择。例如，你剧本中两人聊天，不一定非在操场上拍摄，可以将人物的生活圈放到这里来……

上述分享是给大家提供的思路，供参考、自行拓展。

13.6　分镜头

有一些片子，制作周期比较长，就会做分镜头，用分镜来控制影片的节奏、细节，完成故事结构的建立。**也会对分镜头直接进行剪辑**，在时间线上配上音乐找感觉。

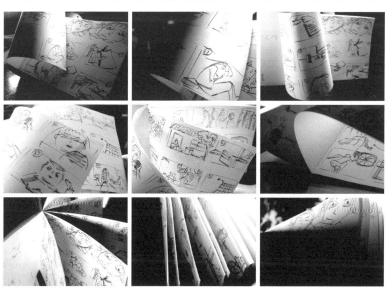

13.7　天桥

下面这张图是 2019 年拍摄的选景照片，在一个商场旁边借用了这里的天桥，作为主人公离开家乡，外出打工时的出发地。

13.8　总结

前面对选景的经历和场景的重要性进行了一次分享。

今天的作业是：完成剧本创作，**并用视频 Vlog 阐述你的故事。**

13.8.1　突破"瓶颈"

在课程的进展中，根据大家的学习进度，对原有的课程安排进行了一些调整。

大家已经把老师所讲的内容，用起来了，**遇到"瓶颈"只是时间的问题**。周日的时候，老师会帮你改下剧本。

因为咱们现在六个组的故事，每组的剧本都要调整，帮助大家实现创作上的突破。

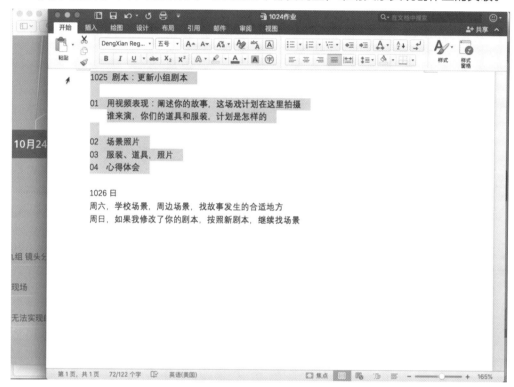

从同学们对学习的反馈中，感觉大家对剪辑特别感兴趣。

等到倒数第二次课的时候，把你们的笔记本电脑都带过来，然后剪辑你们的故事。老师再根据各个组的情况，结合你们的视频，把剪辑的实用技巧再讲解一下。

13.8.2　道具表

道具表要做成这样的，并配上图（学生大作业的制表）。

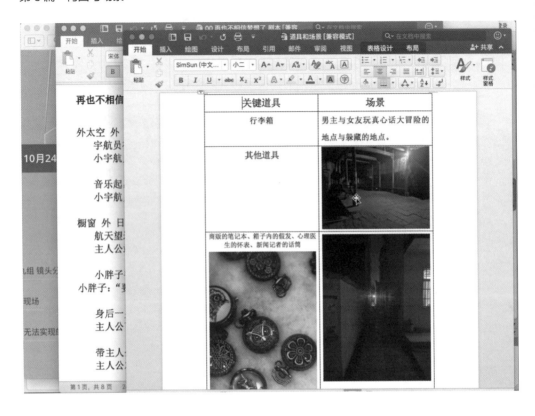

第 6 篇

开机前的准备与剧本细节

第14讲 故事创作与排练

在短视频创作的提升阶段，常见的问题诸如：人物设计在开篇之后就开始"跑偏"了，故事创意有趣，但没能自圆其说，情节点的合理性缺失……笔者将逐一对这些问题进行调整。

因为创作具有整体性，单一问题的解决无法从根本上让故事设计逻辑合理，需要对短视频整个剧本进行修改。

让道具的设计更具有指向性，更能贯穿众多人物的命运；建立了新时空的故事线，发展了反面角色，设定人物的行为动机，将其作为一种背景资料，但它不一定要以具体的画面出现在影片中……以此为基础，再检查人物设计和事件安排是否合适。

在本节课中，笔者通过一个具体的案例，完整展示故事创作的调整过程。

14.1 故事创作的要求

各组组长，从顺序序列中选择两个单词，组合成一个事件，进行故事创作练习。

要求：开头、结尾人物要有变化。

课间，会随时抽查各组故事的设计和排练情况。给每组二十分钟的时间，开始进行故事创作和排练，计时开始……

事件用词
1. 护士　小偷　编剧　会计　保镖
2. 吃饺子　电脑　鸡蛋　路灯　玻璃杯
3. 划船　闯红灯　送快递　拆信　告状
4. 海鲜　雨伞　流浪狗　公交车
5. 傻根儿　遥控器　红酒　姐弟
6. 蓝色　挑战　地铁　书
7. 机器人　剑客　博物馆　老人

14.2　《与未来对话》

下面把第四组的作业看一下。四组的作业有亮点，老师帮他们再改进一下。

四组同学的作业，在这次作业里边属于中上水准的一次创作，表扬一下四组同学。

剧情简介

　　主人公收到了一条自称"未来的自己"发来的信息。信息内容是一条不明其意的句子。女友发来信息咨询他的建议。主人公将收到的信息转发给女友，女友对这个答案很开心……

　　主人公对发信息的人产生了兴趣，如果真的可以预测未来，**那将是一件不可想象的奇迹。**

　　在未来时空，商人给主人公推荐一枚戒指，借助它可以给曾经的自己发信息，从而改变自己的命运。主人公刚刚做了一次测试，验证了商人的说法。

　　他决定不惜一切代价，获得这枚戒指的使用权限。因为，此时是他最需要改变命运的时刻：主人公刚刚被学校开除，原本定下来的工作单位也解约了，他现在除了女朋友，一无所有……

　　商人告诉他：获得权限需要签一份合约，**风险如下，请你考虑清楚……**

这次创作有亮点，但问题也不少。优点很明显，缺点也是**一样**……老师帮他调整了一下，大家一起看下。

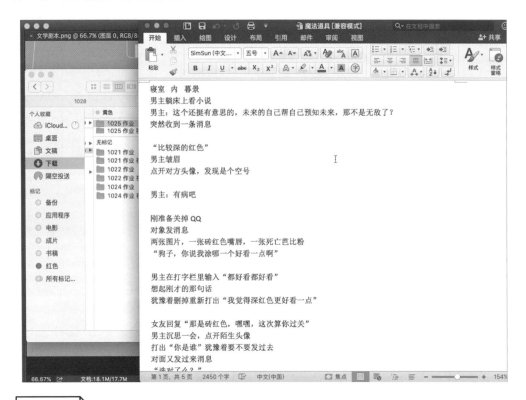

14.2.1　格式的调整

首先对格式进行调整，全片没有任何格式上的缩进，看起来很乱，可见对老师所讲的格式方面的练习没有重视。

故事讲的是：主人公收到**"未来的自己"发来的一条信息**（信息是一个答案）。

这条信息他原本不相信……过了一会儿，他的女朋友问他：

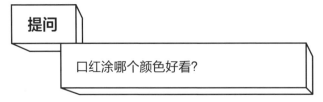

提问

口红涂哪个颜色好看？

他试着用刚刚收到的信息回复了女友，过关。

他发现：**"未来的自己"发来的信息具有预测能力**……

四组用很短的篇幅，就把这个事件给建立起来了。

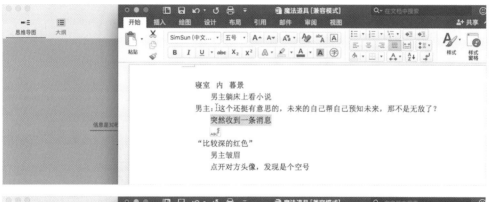

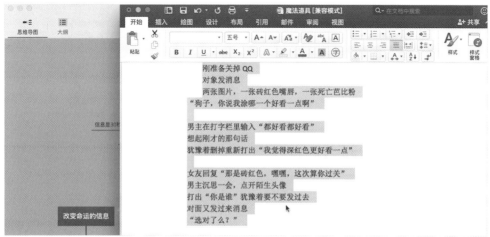

14.2.2　人物设计的问题

故事中有一个商人（反派人物），在天台上卖手机。

人物设计的问题：商人出现一次之后，就在剧中完全消失了；后面就是另一个反派人物（假冒未来的自己）跟主人公聊天。

对话太长、太多。光闲聊天，就得拍摄 20 分钟。

这个反派（假冒未来的自己），告诫主人公不要跟室友小刚多联系，因为室友小刚喜欢主人公的女朋友。

从这开始，人物设计就完全不在点上了。

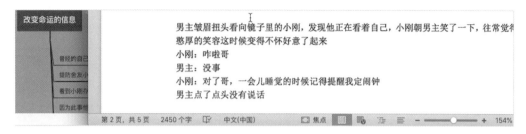

男主皱眉扭头看向镜子里的小刚，发现他正在看着自己，小刚朝男主笑了一下，往常觉得
憨厚的笑容这时候变得不怀好意了起来
小刚：咋啦哥
男主：没事
小刚：对了哥，一会儿睡觉的时候记得提醒我定闹钟
男主点了点头没有说话

主人公开始疏远小刚。最后因为女朋友的事情，他跟小刚动手了……老师前来制止，
结果把老师给误伤了（老师这是招谁惹谁了），主人公被学校劝退。

提问

> 我最后一点没看明白的是，这个小刚跟反派有关系吗？
> 小刚就是反派是吧？

开篇之后，这个故事的逻辑就完全说不通了。

14.3　对故事的调整

故事创意有趣，但没能自圆其说……说一下对故事的调整方案。

老师保留你的开篇，主人公收到要发生事情的信息：通过女朋友对自己的一次测试
……回答正确，过关。

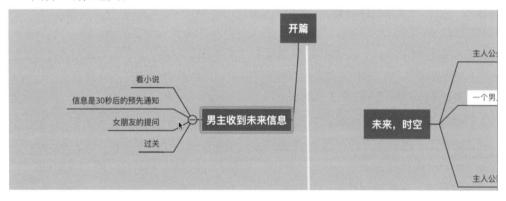

14.3.1　反角故事线

这里建立了一个未来时空的故事线，发展了"商人"这个反面角色。

"商人"是很重要的一个角色,他要长时间在画面中对主人公进行说教,劝他使用和购买能给"曾经的自己"发信息的"产品"。

推销和劝说这个事件很重要。

提问

例如,现在有一个人说:"李老师,我有一个能预测未来的手机",能信吗?

老师肯定不信。

提问

作为一名合格的商人,他应该怎么办呢?

他是这么跟我说的:"你试一下,你现在就给昨天的自己发信息。"

老师将信将疑,反正就当玩儿呗,发了一条信息……结果验证了"商人"的说法,推销初获成功。

14.3.2　魔法道具

这是另一个时空的故事线,对商人这个人物要有发展。

而且商人作为反角的功能被进一步加强,也解释了魔法道具的来源。

这是商人第一次向主人公展示魔法道具的能力。通过这次演示之后,主人公"有点相信了",这才是一个人正常的反应。面对将信将疑的主人公,商人继续劝说。

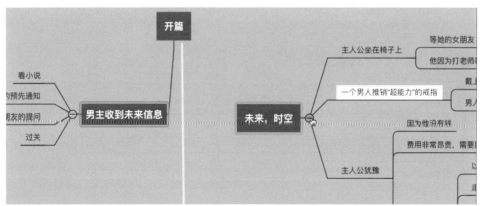

要是购买这个服务（魔法道具的功能），还能得到很多好处。

要有第二次使用魔法道具的画面，使主人公深信不疑。所以，**需要商人有进一步的举措：就是争取机会，说服主人公购买产品。**

提问	但是，我没把魔法道具设计成手机，为什么呢？

因为手机实在是太常见了，平时我们就是用手机发信息。

如果剧本中的这个神奇道具还是手机，会导致道具重复，这会让人分辨不出来，因为手机是需要给画面的，容易造成与未来空间的混乱，让观众难以区分到底哪个是正常的手机，哪个是魔法道具。

为了避免混乱，用戒指作为魔法道具。这是商人要推销的产品：一枚能与"曾经的自己"通话的戒指，戴上戒指你就能改变未来。

戒指道具，也契合了原剧本中开篇的设定：对于女朋友这个角色的发展……因为戒指和女朋友是家庭和婚姻的象征，这些元素原本就是一个整体。

而且，故事发展的主线也是室友要跟主人公抢女朋友。主人公因此拔刀相向，出手了，导致严重后果……所以说，**戒指作为魔法道具的设计，更具有指向性，更能贯穿众多人物的命运。**

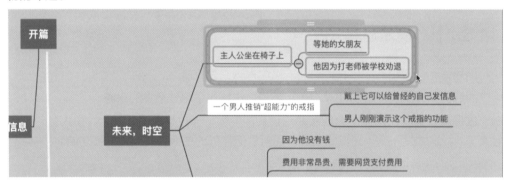

14.3.3　情节的逻辑关系

被学校劝退，这个事件也需要拿到未来时空进行发展。

提问	未来时空，让主人公坐在椅子上，他在干什么？

等他的女朋友，因为他被学校劝退了。他们在这里约见，商量对策，这是未来时空。

两个时空要相互依存、呼应，甚至影响。 在影片中，两个时空我们都要将它清晰地展示出来，并予以区分。

这时候，一个男人（商人）走过来，跟他推销具有超能力的戒指，戴上它可以给曾经的自己发信息。商人演示戒指的功能，恰恰就是曾的主人公收到的那条信息。

说的是，女朋友问他口红好不好看这件事。

这样一来，两个时空相互发展，逻辑合理，人物命运相互制约。

14.3.4 危机设计

提问	未来时空，主人公犹豫要不要买？

必须要犹豫。因为主人公的身份设定是学生，毕业前夕被退学，并没有什么存款，而且这么牛的产品必然非常昂贵。

要设计这个情节的合理性。 商人跟他说："你可以用你未来的钱，来买我的产品"。这是透支，也是在此处铺垫了一个"雷"。

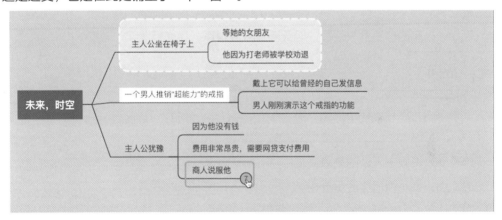

一般来说，临近毕业的学生（劝退，还未毕业），其实手里没多少钱，对吧？但是不排除，家里有矿这个可能性。

提问	大家想想，这么一个超能力的东西它能便宜吗？

所以，魔法道具很昂贵。你要获取，需要支付昂贵的费用，这个费用的获得需要付出代价。商人建议主人公透支未来（签一个网贷），这样的话就可以获得使用权，又能借助戒指的力量改变未来。

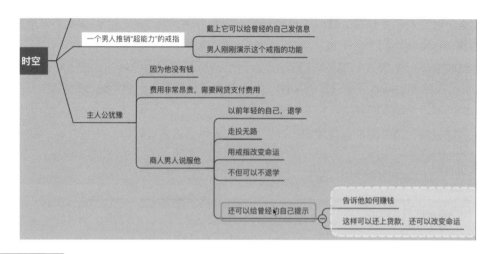

14.3.5　把握未来的先机

商人要有一个说服主人公的过程，他讲了一个故事：说自己年轻的时候也被退学，走投无路……最后，用戒指改变命运，不但可以不退学，还可以获得把握未来的先机。

例如，未来的自己发来信息，明天哪一只股票涨，让你赶紧买……

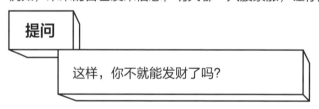

这是商人说服主人公的重点。

第二点，要有第二次展示戒指能力的设计，它能带来财富。

为了让主人公相信，商人说：你戴着戒指给"曾经的自己"，按我说的内容发一条信息。

主人公照做，发了条信息，内容："借点钱买股票（这个情节有待商榷）"。

十分钟之后，主人公的账户上多了 5000 块钱，这是第二次施展魔法道具的结果。

要有这样的设计，让主人公信服。

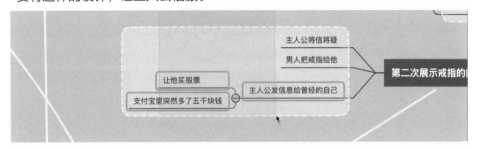

信服之后，他与商人签下了贷款，购买了魔法道具的使用权限。

> **提问**　然后，他马上给"曾经的自己"发信息，告诉他什么呢？

是一条改变命运的信息。

14.3.6　设计限制

这时候，"曾经的自己"已经第三次收到信息了。在你原剧本的设定中，收到的信息太多了。你把这种超能力用的都不像超能力了，就好像小区门口老大爷见面聊天似的。

超能力的使用是有次数或时间限制的，总之他要珍惜着用。

> **提问**　改变命运的信息是什么呢？

老师截取了剧本中的原始设定：小刚存了主人公女朋友的照片……引发打架……

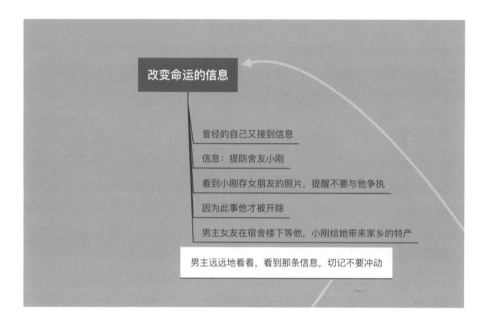

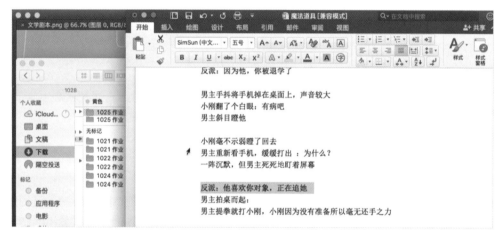

在原剧本中，主人公收到的信息是：提防小刚。

把这条保留，并进行了补充。将事情的原委，被开除的前因后果进行逻辑上的合理化……

主人公看到小刚存了女友的照片之后，没有马上暴发，而是听从信息的建议：忍住。

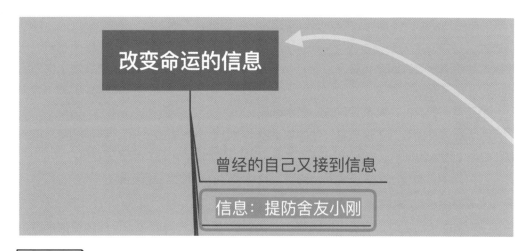

14.3.7　改变命运

忍住了，就没有打架事件，那他就不会退学，人物的命运看似被改变。

还让"曾经的自己"借钱，买房子，付首付。只有这样，未来的主人公才能够坐享其成。因为房子有比较大的升值空间。

发完这些信息，字数达到了魔法道具的限制，所有事情按照主人公的意思，看似都安排妥当了……

此时，未来时空的主人公根据前情设计，原本是在等女友过来，商量被学校劝退后的打算……现在一切都改变了，他接二连三收到好消息：毕业答辩通过、房子交付日期临近、面试单位发来了邀请通知……

他很兴奋，他改变了自己的命运，开始盘算未来的计划，等房子下来，挣钱还清贷款，跟女友领证。

天渐渐黑了，路上的行人越来越少。主人公左等右等，不见女朋友过来，打电话又是忙音。

世事难料，凡事有所得，就会有所失。

这个时候设计了一个巨大的反转：主人公一系列的成功，唯独失去了女友。也就是说，主人公确实改变了未来，发给"曾经的自己"的信息也起了作用。

但"曾经的主人公"为了不退学，为了达成未来的目标，一直选择隐忍。

设计了一个主人公与女友产生矛盾后，没有能及时化解，从而导致分手的事件。而小刚之后的表现，则步步为营，嘘寒问暖，最终小刚的目标达成。

对这个反转的事件，可以简化处理。不用表现一系列情感变化的复杂过程，用一件小事，概括性示意一下即可。因为这段将作为闪回出现，不能太长。

过去时空，主人公女友在楼下等他，两人要外出。小刚出现了，小刚跟他女朋友也都认识。小刚从老家回来，带了点特产，看见主人公女朋友，就把袋子交给她，说带给他们的，是家乡的味道。

很正常，很自然，女友接过去，表示感谢。

主人公下楼时看到了这一幕，他停下来看（他以为小刚动作频频，误会产生），但却憋在心里。两人见面后，女友拿出特产，男主生气不肯接受，把女友气哭。

在闪回中，表现出两人产生矛盾即可。具体事件，你们组自行更换。

未来时空……

"尊敬的 VIP 客户，房子可以入住了，我们已经给您安排好了。"伴随着这声音，主人公前往新房的途中，看到小刚跟自己的女朋友在一起。

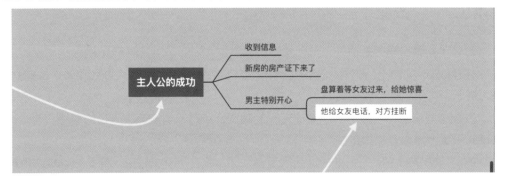

14.3.8　结局设计

此时，主人公忍不住了，把小刚给打了。主人公没有退学，但是他进了公安局，赔了医药费，房子也赔了进去。

这是对你们故事的调整，你们再完善一下。

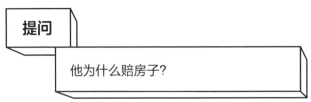

提问

他为什么赔房子？

主人公打小刚的事件，造成了人身伤害。

除了医药费，还要支付使用魔法道具的贷款。准备入职的工作也丢了，没有了收入，所以房子也没有了。

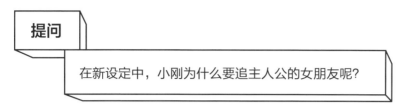

提问

在新设定中，小刚为什么要追主人公的女朋友呢?

男主女朋友家境殷实，小刚为了自己的前途打算，希望毕业后留在这里。机会来临，主人公和女友闹了矛盾，小刚开始追求，最终两人订婚。

这个设定是小刚人物的行为动机，**也是一种背景资料，不一定要以具体的画面出现在影片中**。故事设计要能够自圆其说，逻辑合理。以此为基础，再检查人物的设计和事件的安排是否合适。

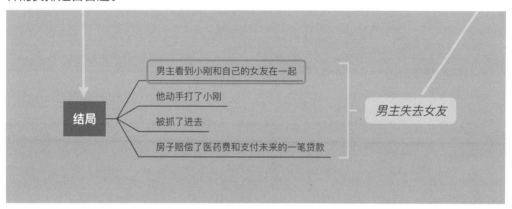

关于对剧本的调整和剧情的重新考量，大家课下再琢磨一下，供你们参考。

把这个剧本拍好，应该会有一个不错的效果 。**每个组只要用心去做，都会获得不错的效果。**

第15讲 创业故事的细节化处理

　　短视频的创作不能是讲故事的时候让人能听明白，一旦转变成剧本，准备拍摄，故事就变得面目全非了。

　　笔者通过对一个创业故事多处细节的处理，强调打磨故事细节的重要性：需要设定剧中人物的年龄，让人物说这个年龄段的话，做这个年龄段的事。

　　怎样才能体现人物工作的专业性？要在不同的场景拍摄，服务众多客户，并收获满意的反馈。怎么能表现主人公热心助人的品质？让他帮助他人，但只做能力范围之内的事。

　　主人公如何走向成功？让主人公身处低谷，并转向主人公取得成绩的根源：源于坚持不懈的努力和一个鼓励事件的设计，例如来自父亲的支持……

　　这样，从铺垫到高潮，从鼓励到努力，从奋斗到成功，就完整展现在观众的面前。

15.1　创业故事（三组）

　　下面看一下第三组的创作。

　　第三组的故事选得挺难，写得有点飘……他们选择的故事主题：机会要靠自己去争取。

　　这类片子不好拍。

　　故事中要有多个场景，以及多层次、多角度的情感渲染。

剧情简介

主人公是一位画家，在画室接待一位客户。两人签约，客户跟他订了一批画，对他的专业和责任心非常认可。

就在这次签约之前，主人公正处于人生低谷：画卖不出去，生活艰难。为了画画，四处打零工挣钱……在餐厅洗碗时手滑弄碎了多个餐盘，扣掉当月的工资还被要求追加赔偿。

画家一无所有，最终把自己创作的画拿出来卖掉，才还清了债务。

餐厅老板感觉他干活太慢，耽误功夫，就把他辞退了。当天他被保安赶出来，被子、褥子、生活用品堆在地上。画家把这些东西统统扔进了垃圾桶，漫无目的地走在街上。

他遇见一位中年男子晕倒在路边，无人救助。**画家自己也没有能力帮助他**，就把他背到了医院门口，离得远远地看着。

看见有医护人员将他搀扶进去，画家才离开。

画家换了一份销售的工作，白天发传单推销产品，晚上就睡在办公室的桌子上。直至有一天，他在一位客户的房间，**看到自己卖掉的那幅画**。

画家放声大哭，他感觉自己变了，变成一个让自己厌恶的人，远离了梦想，也辜负了父亲的期望。他就读美术学院时，是父亲辛苦劳作多年，才凑足了学费。

客户回到房间，看到画家如此状态，上前询问，得知实情：原来他是这幅画的作者。他一直想要联系画家，只是毫无门道，没想到今天在这里相遇。

客户有意要跟画家订几幅画，让负责对接的人进屋。对接人认出了画家，他就是被画家送到医院的人。客户非常高兴，**对于画家的专业和人品特别认可**。

于是追加了原来的订单……

画家的工作室成立，他拿出父亲找人代笔的一封信。看着远方，想起自己故乡的山、水、云和**远行前父亲坚定的目光**……

15.2　原剧本概述

在剧本中"男主从书架上……才想起自己看不见色彩"语言表述有问题，搁置。

我们只针对故事结构进行调整。

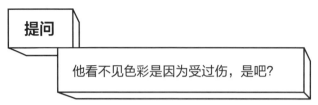

提问

他看不见色彩是因为受过伤，是吧？

他又拿下一本书，回忆起自己的遭遇：眼睛被割伤了，室友将其送到医院。医生说没大碍，但是他看不见颜色了。

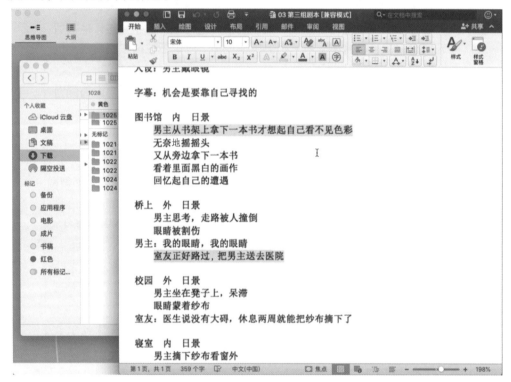

虽然看不见颜色，但他没有自暴自弃，机会要靠自己寻找……男主最终创作出优秀的水墨画。这里想表达的东西，老师能明白，但这种方式，让人看不懂，因为故事逻辑比较混乱。

15.3　老师的修改

老师从这个剧本里面提取了一些元素，进行了再创作。

因为之前这个组选的参考片是：成功开篇。但从目前的剧本看，**开篇主人公并没有成功**。

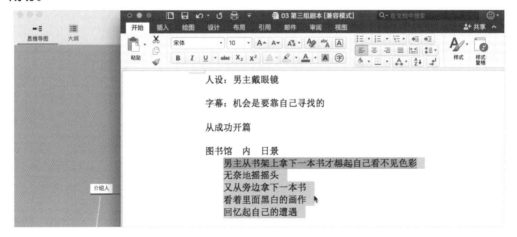

15.3.1　获得订单

成功开篇没建立起来。

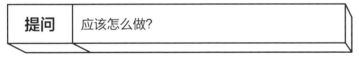

成功开篇，是要创作的第一个情节点。

男主是个画家，如果能**让他获得订单**，不就是事业有了起色，有了飞跃，这不就是小成功吗？

这是对剧本开篇单元的调整。

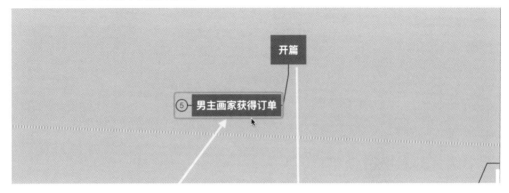

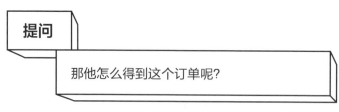

那他怎么得到这个订单呢?

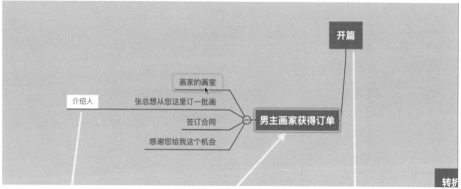

画家的画室，需要找一位老师的办公室或者画室去拍摄。

这个场景能找到吧?

在画室这类的场景中，更能突显画家的职业特点。

设定人物的年龄是：25 岁。

介绍人（客户代表）来到画室，跟画家说："张总想从您这里订一批画"，然后两人签订合同，主人公说："感谢您给我这个机会"。

用了几句话，让主人公获得订单，用一个小成功开篇。

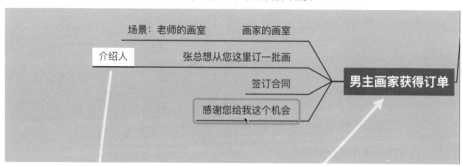

15.3.2　人物特点

接下来，要对主人公为什么能获得成功进行解释。

介绍人（客户代表）说："小伙子，千万别这么说，把事情交给你，我特别放心。"

"你有能力，有担当，有责任感……"

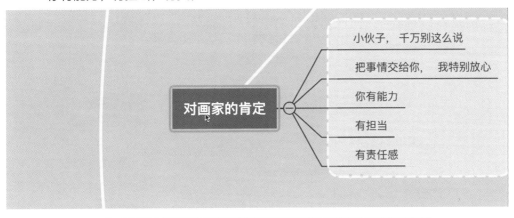

提问	这时候配什么画面呢？

画家专注作画的画面，画家给客户讲解的画面。

给多个客户介绍画的风格，要在不同的场景拍摄……只有服务了众多客户，才能体现出专业的人物特点。

提问	怎么能说明主人公有担当、有责任感、有能力？

通过具体的画面对画家的专业进行肯定。

字幕：机会是要靠自己寻找的

01 从成功开篇，事业有了小的飞跃，小成功
02 感谢客户

人物，获得成功？
为什么

配画面，要不同的场景，画家专注作画
跟客户讲解画的风格

提问	肯定完了，这个时候来个小转折，这要转向哪里啊？

要转向主人公取得成绩的根源：**源于坚持不懈的努力，这是对剧本第二个段落的调整。**

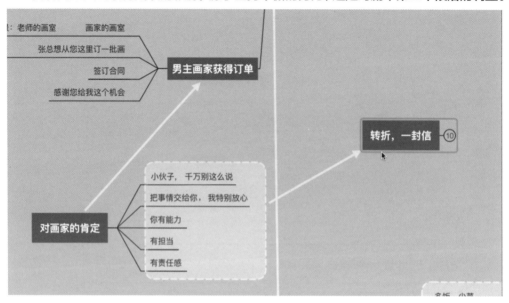

在前面的段落中，把人物勤奋、努力，并获得成功表现出来了。

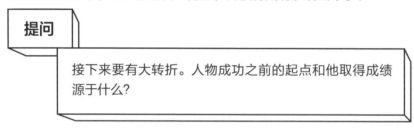

提问

接下来要有大转折。人物成功之前的起点和他取得成绩源于什么？

进一步阐述。

15.3.3　创建新角色

成功源于"父亲"。

老师设计了一个"父亲"角色，饰演父亲的演员，就目前的条件来说不好拍，所以就让父亲留下一封信给他。剧本中这个父亲（角色）已经不在了……

目的是让人物**背负理想（家人的期望），还要有一种背井离乡的悲情。**

画家在他的画室里看着一幅肖像。

这个肖像想设计成主人公的父亲，年龄在 60 岁左右。通过画面，加强人物之间的情感，并对人物关系进行强化。然后，主人公走近窗户，看着远方。

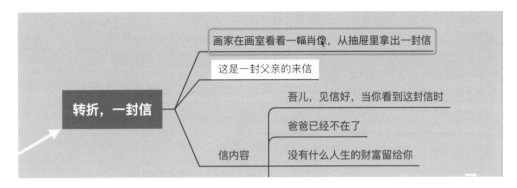

当人物小有成绩的时候，多了很多伤感：成功得来非常不容易，靠着自己的努力一点点改善生活。看着满院的秋色，一片落叶在风中翻转，最后落在地上。

这时候思绪万千，想起了很久以前……**上大学时，20 岁出头，上了李老师的课，然后就出来打工的种种经历。**

15.3.4　重要道具

主人公从抽屉里拿出一封信。信是主人公的父亲写给他的……

"当你看到这封信时"

"爸爸已经不在了……"

这封信一直都在，这么多年它一直陪伴着主人公，从他毕业到工作。

关于人生的教导和鼓励，通常是一个长者给予的。你的同学很难能给予你什么，因为同龄人未必能让你信服。即便你同学讲了一段有道理的话，但你未必能听进去。

鼓励事件的设计：来自父亲的信。

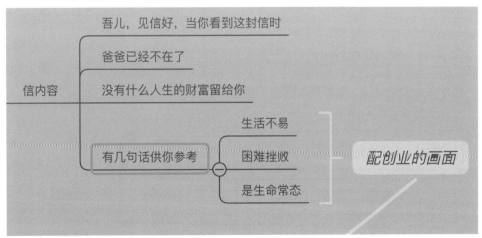

父亲信中说："没有什么人生的财富留给你，有几句话供你参考，生活肯定是艰辛、不容易的，困难和挫折是生活的常态……"。

提问	这里配什么画面呢？

就是配主人公创业时，没有钱、窘迫的画面。

提问	没有钱怎么办？

例如，送快递、代买零食、多吃饭少吃菜……最后，交不起房租，行李被扔出门外。

干得不好被老板训斥（找一位形象严厉的老师饰演老板）。主人公被训斥："你什么玩意儿？你不行就滚蛋……"

配一系列这样的画面，让主人公身处低谷。这种时刻最能考验人，**也是塑造人物性格的关键节点**。

行李散落一地，他在这样落魄的时候，选择了先去帮助别人……

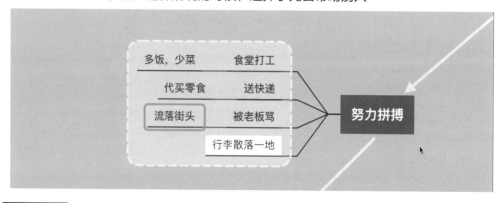

15.3.5　人物光环

这个主人公的设计，是普通人都做不到的。

这样人物光环就出现了。

提问	怎么帮助他人？

老师取了原剧本中"眼睛被割伤了……把男主送到医院……"这段情节设计。

是取了其意，而不是直接拿过来就用。

```
桥上 外 日景
    男主思考，走路被人撞倒
    眼睛被割伤
男主：我的眼睛，我的眼睛
    室友正好路过把男主送去医院

校园 外 日景
```

较可行的设计是：主人公看到一个人晕倒在路边，没人管，犹豫了半天，最后把他背到医院去了。只背到医院，也是没办法的，把人放在医院门口，远远地看着他，因为主人公没有能力去帮助他。

主人公看到有人把他扶进去了，然后你才走，这就能表现主人公热心助人的品质……**只做自己能力范围之内的事。**

15.3.6 紧扣开篇

帮助别人，是在主人公被赶出住所，流落街头的时候……

在这之后，需要主人公奋发努力的画面。他要通过自己的努力改变现状，才能获得最后的成功，才能在结尾时紧扣开篇。

又回到信上的话，鼓励和努力，双管齐下。

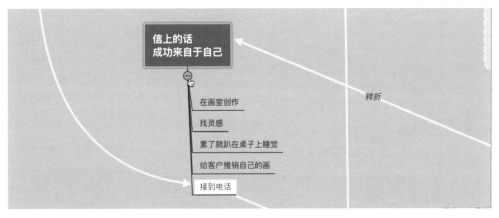

一系列的画面，主人公在画室创作。

这时候音乐激昂一点，把头发弄得乱一点。窗帘一拉，光线的变化，日夜的更替。

定个闹钟，凌晨四点半。一般人起不来，**但是我们要让主人公四点半起床**……诸如此类的努力画面。

没地方睡觉，没有床，画室不是有桌子吗，就睡在写字台上。

老师把这些经历的宝贵画面教给你们了，一定要把这个画面拍好。

主人公打电话推销自己的画，要设计这样的镜头，有这样努力争取机会的过程，还接到电话了，这是一个关键的设置。

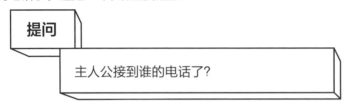

提问

主人公接到谁的电话了？

他接到了开篇介绍人的电话。

介绍人，在影片过程中已经铺垫出来了，他就是介绍张总跟画家下订单的人，就是主人公曾经帮助过，搀扶到医院的那个人。

从铺垫到高潮，从鼓励到努力，从奋斗到成功，用一个倒叙的形式，把一位画家的成功诠释出来。

这是对三组故事的调整。

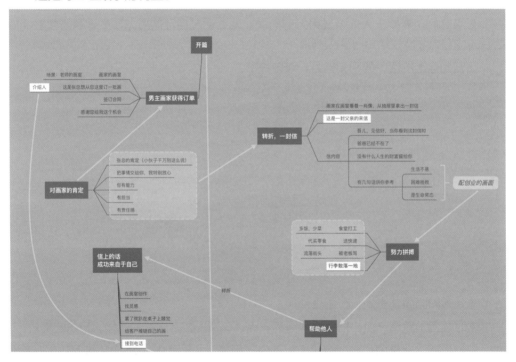

老师现在把结构图发到群里。

每个组长建一个群，名称叫作：一组大作业群或二组大作业群……

来，现在就做。

15.4　开机拍摄

五组剧本短小精练，还挺有意思的。

提问	第五组的剧本，你们还要改一下吗？

不改了，那今天就开机拍了。

一组、三组、四组，今天也可以开机拍。

咱们今天的拍摄，不是说要把它全部拍完。能拍一场戏，就拍一场戏；能拍两场，就拍两场戏，然后晚上把它剪出来。

明天上午老师要看，拍得不好要重新拍。

要求：镜头要稳，构图要美，画面要好看。

提问	你们组估计今天就能拍完，对不对？

今天把它拍完。

好，老师接下来的时间跟二组、六组聊一下。

其他组继续完善剧本。

第16讲　剧本开拍前的准备

　　创作为什么需要引导？因为故事背后常常有其潜在的意义，这种创作中的"另一层意义"是一种潜台词。这也就是为什么故事走心的原因，所以就同学们天马行空的题材，需要有一个正能量、三观正确的引导。

　　这是即将开拍之前，对剧本较为重要的一项检查，也就是本节课谈到的短视频的立意。

16.1　剧本中的问题

剧情简介

　　主人公与校外的人产生了矛盾，因表现强硬被对方找上门教训……刚刚认识的一位朋友出手相助，解决"危机"……

二组的问题。

提问

把汤洒在人身上好拍吗?

而且要在餐厅取景，不好拍。

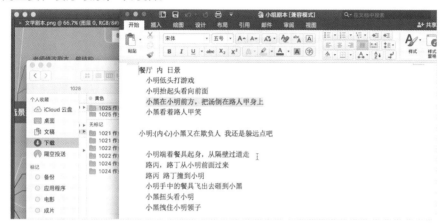

选景这个环节做得很好。

老师交代课上、课下的事，其他组都会有遗漏。但是，二组每次完成得都不错，**要用心做好每件小事。**

二组的服装、道具表如下图。

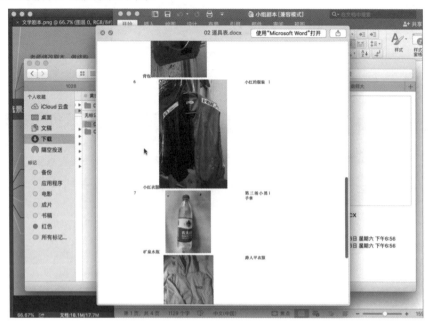

二组的演员表如下图。

老师表扬二组，从场景、道具，再到演员表，二组都完成了。

| 提问 | "洒汤"这个情节，你们最好再考虑一下？ |

一是不好拍，二是效果也不一定好。

16.2　影片立意

| 提问 | 同学小红鼓励主人公打架？ |

整个短视频的立意有待提高。

例如，你同学跟别人闹了矛盾，**一个宿舍的同学鼓励他去教训别人？**

| 提问 | 短视频的立意有问题，你们觉得呢？ |

……

咱们这场戏，可以对"玩游戏"这个事件进行延伸。

例如，联网打游戏，在虚拟的网络环境中，大家都没有什么顾虑，说话都很冲，稍有不满就"开撕"了，然后相互叫号，不服就约个地方……

新闻中也常有此类报道，结果"杯具"了……

做有教育意义和警示作用的题材，要往这个方向上走。

16.3　紧扣事件

剧本中不要再加"把饭菜洒人身上"之类的旁枝末节，让事件始终围绕在一件事：即打游戏上。

例如，咱俩打游戏，玩的过程中起了争执，都感觉自己吃亏了，都要解气，想扳回这一局。

约到线下：有本事，你告诉我你是哪个年级的?

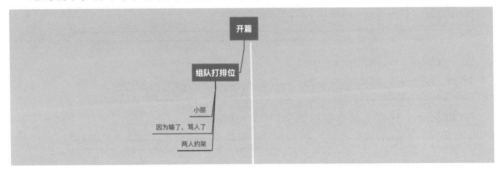

争执升级："叫号"。

就是说："我等着你，晚上你来找我！"

作为剧本的开篇，一个因矛盾即将引发的"暴力"事件。

整个事件及后续一系列的连锁反应，都跟"玩游戏"紧密相连。

16.4　强大的对手

接下来，我们要设定一个强大的对手。

同学跟主人公说：对方在这片儿挺厉害的(就借你们原剧本中的情节)，你敢跟她"叫号"，真是自找麻烦。

主人公是新生，对周边环境和人都不大了解。跟她起争执的是一个在这边的"混子"。

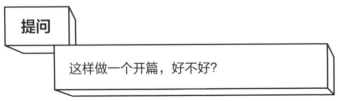

打游戏引发争执，约到现实中去解决。

在原剧本中，一开始打游戏，结局最好不要再打游戏（用游戏进行"决斗"）。

这样设计，**事件没有升级，冲突就不够强烈**。

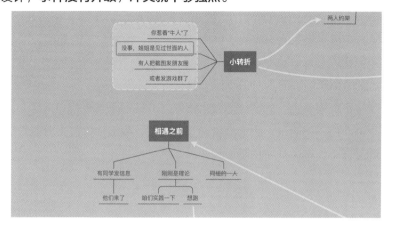

16.5　故事氛围的营造

要把"争吵"到线下"解决"，营造成一个事件，传播很广泛，引起很多人的关注，就是这事儿传得特别火。两人"争吵"过程中的屏幕截图，在各个群疯传。

到这里，主人公就被动地卷入这个漩涡之中。上也上不去，下也下不来，处于非常危险和窘迫的境地。但还要装作没事儿人一样，**为了维护面子被迫"强硬"**。

16.5.1　崇拜者

有一个外校的崇拜者，她跟主人公是"游戏"好友。

主人公这次怼的人，她非常讨厌……当天那局"游戏"她也在其中，主人公自己发火，间接帮她出了气。

后来，矛盾升级，她听说后就更加崇拜主人公。所以，前来一见。

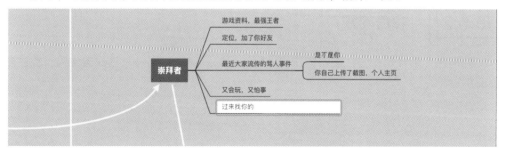

16.5.2　逃跑

面对崇拜者，主人公得意忘形，开始吹牛说："哎呀，这种人我见多了，也就是嘴巴上不饶人，其实很"菜"的。我从小少林寺学过武，根本就不怕他们。"

主人公小时候在少林寺练功的照片，其实是网友调侃此事合成的图。因为吃瓜群众心里都明白，这个初来乍到的人，根本就不是对手。

主人公吹牛正在兴头上，同学给他发来信息："他们来学校找你来了"。

主人公想逃，但不能明说，跟崇拜者说："走吧，我教你排位上分。"

在逃跑的过程中，要设计一出围堵的戏。

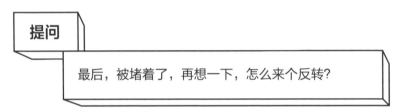

提问

最后，被堵着了，再想一下，怎么来个反转？

有个想法：危急关头，对方冲过来……崇拜者才是深藏不露。对打的配音，没有打斗的画面，冲上来的这些人都被打倒在地……

16.6　故事结构

老师把情节做成结构，大家看下。

16.6.1　找目标

给"玩游戏"找个目标，主人公为之奋斗和珍视的目标。

这是某竞技比赛的一次预选赛：一场关键的对局。

16.6.2　演员问题

咱们这个组全是女生，没有男生出演啊。最好别这样，男生角色找男生演；女生角色由女生演。

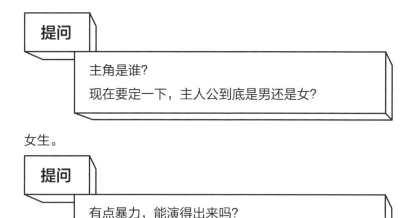

女生。

有点暴力，能演得出来吗？

有道具没有？

把头发全烫成爆炸式的，颜色是够了，那先暂定为女生吧！

暂定角色名为：小丽。

组队打排位，因为输了，就在群里抱怨……两人起了争执，相互不服气，决定找个地方会一会。

接下来，崇拜者就得出现了。

崇拜者，也是女生。

对，远道而来的。咱们这片子如果"火"了，你们名声在外，万一真有人找过来，怎么办……

要拍出喜剧效果，这里要做一个转折。

16.6.3　转折点

舍友跟她说："你连她都敢怼？"

要做一个这样的设计："你惹着人了，惹着茬子了！"

主人公说："嗨，没事，一群菜鸟，不放在眼里。"

有人把怼人的一系列截图发朋友圈了，或者就发游戏群了。

吃瓜群众，不怕事儿大啊！

16.6.4　情节点的逻辑

做个转折之后，崇拜者就出现了。

她是主人公的游戏资料找来的。主人公在游戏中,获得了较高级别的称号。玩游戏时打开了定位,她就加了好友。

然后问主人公:"最近,大家网上传的'怼人'事件是不是你?"

但这个前提是,主人公也把那张游戏截图放到个人资料里,让崇拜者能看到,并确认身份。

有时候,比如说:惹了事儿了,为表现自己不怕事,就把这个事在朋友圈里、微博里公开一下,以表明自己的观点。

16.6.5　建立游戏理论

主人公会武功,又会玩游戏,还不怕事儿;这三点是被崇拜的逻辑设计。

崇拜者,有过来找主人公的一个过程。

这时候误会产生了,然后大家越传越玄乎,说什么呢?说因为会功夫,所以才不怕事儿。还有网友上传一张 PS 主人公在少林寺练功的照片。

这些"顺势"都被主人公拿来作为吹牛的谈资。跟崇拜者大谈功夫,大谈"研究"出来的游戏上分理论。就是要编出一套排位不掉分的理论,讲一个理念,加上夸张的成分,显得特别高明和深奥。这个时候对方找上门来了。

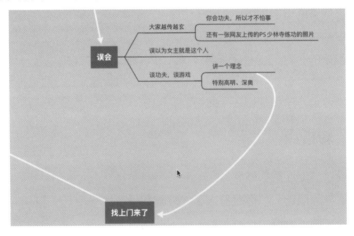

双方相遇之前,有同学发信息,提醒主人公快跑,对方找来了。

主人公继续说:"刚跟你说的全是理论,换个地方,咱们实践一下。"其实是想溜,结果双方碰上了,被围堵。

这里有一个追逐戏……

被堵住之后呢?我们继续往下看。

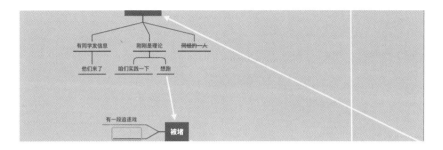

16.6.6　制造喜剧效果

主人公跑的时候，感觉大事不妙，快被围堵……开始坦白，边跑边说出实情，后面还有人追。

"我其实就是嘴上说说而已，我是个胆小鬼，没去过少林寺，也不会武功……"

跑了半天，发现后面没人了。有点奇怪，就往回走，看见地上躺着一个人，再往前又躺了一个人。

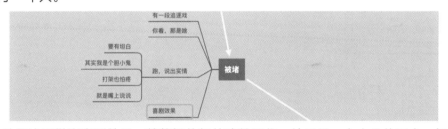

咱们这里做出喜剧效果，就能把约架的戏份弱化。结局是：主人公往回走，每走一段发现地上躺个人……后来看到崇拜者，非常惊讶。

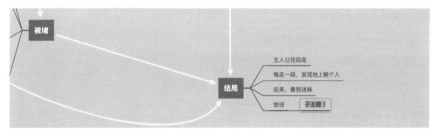

崇拜者帮主人公"击退"前来找茬的人。主人公因为自己刚刚坦白过，非常羞愧。结果崇拜者说："姐姐你教我怎么上分吧，求带！"

咱们先暂且做出这个预演，后面再推敲。

老师把结构发给你们，先别着急开机，有待进一步讨论。

按照新结构，准备场景、道具……**其实剧本大体上还是一样的**，只是在结构编排上做了一些改进。

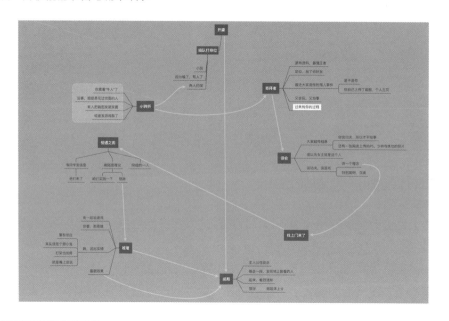

16.7　总结

16.7.1　开机

一组、三组、四组、五组今天开机。

拍摄要求：做充分的准备，精益求精。

景别：要丰富，不要丢镜头。

不用拍完，一场戏、一场戏地推进。

各组场景、演员表、道具表，要更新发邮件。

今天开机拍摄的小组，到明天晚上全片要全部拍摄完成。

16.7.2　最终得分

关于评分表，大家也看到了。

我们在最后一天的时候，会对视频作业有一个评分。

评分主要由平时的作业完成情况、大作业的分数、按时交作业的情况、旷课的情况构成，这是一个综合性的得分。

同学们每天的作业就是你们的成绩单，**用你们的才华和智慧去填写这些答案。**

第 7 篇

视频后期
　　技巧与实践

第17讲 片场演员走位设计

　　熟能生巧并不太适用于拍摄技巧的提升，因为不是拍得越多，技巧越娴熟……如果问题镜头得不到纠正，或者根本就不知道镜头中的问题，再次拍摄也是之前错误的一种重复。

　　镜头的处理，例如反打镜头、过肩镜头、全景镜头，以及镜头组接技巧……这些拍摄实践的知识点，需要用一部完整的短视频去检验。笔者以一组学生拍摄的大作业为例，从表演到演员走位，以及内景、外景的机位设置……力求详解初学者在拍摄中的问题。

　　因为问题是多层面的，所以解决方案更具有针对性。呈现解决问题的过程，使大家能有所借鉴，总结问题，提升拍摄技巧。

剧情简介

　　主人公是学美术的，**去复印店打印要临摹的画**，店主请她帮忙走时扔一个没人要的包裹……她打开一看是一组画，就拍了张照片发了朋友圈，然后把包裹扔了。

　　朋友通过她的照片，联系到了学院的一个师姐，这是她丢的画，原本准备要办展的作品，一直没有找到。

　　朋友说明原委，师姐请主人公在咖啡馆见面。**师姐是很有能力、人脉很广的策展人，主人公很想结识她。**两人见面后，师姐看到了主人公临摹画的复印件，以为她就是那个网上大神级的作者。

主人公并没有否认，还**胡扯了一个关于"冥想"的创作理念**，深得师姐的欣赏，师姐下午要去做演讲，也邀请主人公同去。

在演讲的现场，要主人公上场分享创作理念……

最终，**主人公向师姐坦白了事件的经过**，跑了。

这组（一组）同学的短视频时长 7 分，是完成度挺高的一次作业。

17.1　问题镜头

老师对你们上一次作业的点评是开篇重新拍，不是再把它拿出来，继续放在成片中。

提问	镜头为什么要重新拍？

因为镜头晃动、曝光……这些显而易见的问题需要解决，尤其是开篇这组镜头，非常重要，**要重新拍，太晃了**。

演员看了镜头；还有，推镜头太过了。

17.1.1　缺镜头

"复印店"这场戏缺镜头。

提问	你们不觉得两位演员太背向镜头了吗？

整场戏中，多数时间两个演员都面向墙对话。

拍摄时，这是咱们的机位轴线。

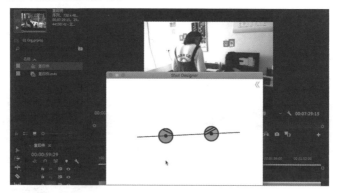

两个演员身后机位的设置可以，对场景和人物关系都有交代。

17.1.2　缺少反打镜头

轴线另一侧，也要给个镜头。

注意景别的运用，**在大家的拍摄中，缺少近景和特写。**

主人公说："你把这东西发给我……"应该有一个拍手机的镜头。

操作手机要让观众看清晰，不然怎么知道主人公在做什么？

这个镜头起码要拍四遍，画面才能够丰富，如下图所示的机位设计。

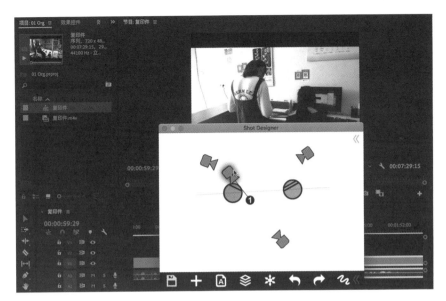

在这个镜头中，演员表现得真实、自然。注意：**拿什么东西的时候，要给特写。**

最好是固定机位拍摄，而你是这么拍：演员边拿东西，边推近镜头，这绝对要避免。

备注： 角色在影片中拿的东西，要让大家看清楚它是什么，又是缺特写。

演员走位，拿东西。

这场戏，一个机位拍完了……调度设计基本合格，演员之间有互动、有走位。

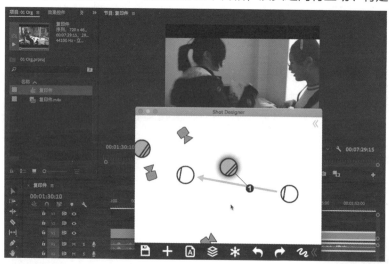

17.2　过肩镜头

　　将机位移到她后面来，过肩镜头拍摄，带她的肩膀，拍她拿东西，画面就会丰富，这里还是缺镜头。

　　演员走过来，你就用一个镜头拍完了。

　　演员走过来的时候，**两人都要入镜**，**要给镜头**，**注意看轴线位置**。

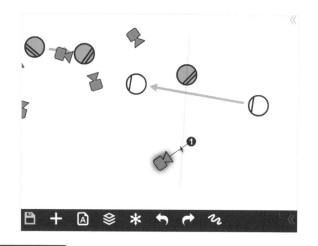

17.3　全景镜头

一个镜头就把这场戏给拍完了，这样的设计没问题。

这个镜头属于全景镜头，拍戏的时候需要这样一个机位，覆盖演员整场戏的动作和走位；然后，**再拆开拍：分别就中景、近景、特写再移机位，给镜头。**

使用不同的角度，把全景中的内容细化。

17.4　镜头组接技巧

同学们完成了一个全景镜头的拍摄，表演真实、自然。

再看，演员拿出手机，拍张照片，这块儿有点多，拿着手机拍一下，就结束了。

如果剪掉一点儿，画面还能接得上。

17.4.1　精简镜头

在剪辑软件中，调整学生作业中的镜头。

1. 走进楼道

拿手机拍张照片，这个镜头有点长，要再剪掉一点儿，照样能接得上。

同学下楼梯，走向你，你就不用再装画了，应该先打个招呼，不然太刻意了。你看你还在假装画，还特意给它放在墙角……

2. 去吃午饭

两个人聊天，话是主要的，其余的都可以剪掉了。

"吃饭吧，走了"，这样才够简洁。

还是景别问题，两个同学的取景太单一。

现场调度还是很好的，主人公同学走过来："嗨，一起吃午饭吧！"，"好呀"。

这场戏，机位单一。**对于视频作业来说，一个镜头拍两条才是"标准"操作。**

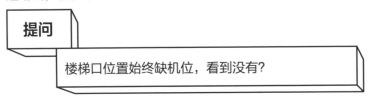

提问

楼梯口位置始终缺机位，看到没有？

同学演得也可以，搭着肩走，好姐妹。

17.4.2　动接动

下楼梯这块儿接得不错，但是有点多。

两个演员走下楼梯，多剪掉一点儿。剪辑点要调整，让她们完全走下来，因为剪辑有一个原则：动接动。

如果演员是运动的，下一个镜头也是运动的，容易接上（画面流畅）。

没剪之前，演员下楼梯前有一段往前走，不剪的话两个镜头不流畅，起步慢了。剪掉后，就接上了。

接着看，演员从出场到走下楼梯，一直就拿手机看，这太刻意。迈步下楼，都不看一眼，起码有扫一眼的动作。**这不就是为了演戏而演戏，为了看到消息而看消息吗？**

哪怕说，看一眼手机之后看看路，都更好一点儿。

这里还是缺镜头，两个演员看手机，看手机上的信息。

看完之后，得给手机特写，直接反打过来拍摄。我们往后看，特写的镜头给得太往后了，把它剪开。

你给的镜头是"她发信息"的画面；接到餐厅同学"她收到信息了"的画面，处理得很好。

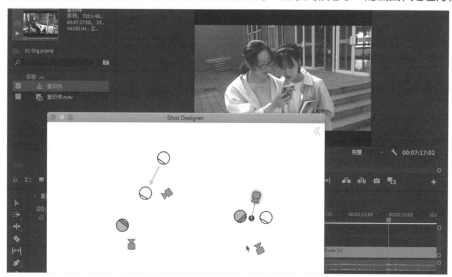

餐厅里两个人聊天，也特别自然。

主要问题：缺镜头。这后面有一个反打镜头，老师处理一下，提前剪一段过来。

挪过来了，两人在吃饭，说："哎，你在看什么呢？"

刚刚用到的这个技巧，就是接下来要讲的"交叉剪辑"。

17.5　交叉剪辑

交叉剪辑可以加快整个影片的节奏，两人餐厅吃饭的对话多，感觉拖沓。

从主人公"起身"这块就好了，有了着急的感觉，演得挺好。

急着想要去见人，之前还要喝口汤。赶着办某事，但还没有吃饱。

衣服上有个带子松了，并没有理会，**把着急的感觉表现出来了。**演员给这场戏加分了，饰演对手戏的同学也表现得很自然。

又跑过来取画……

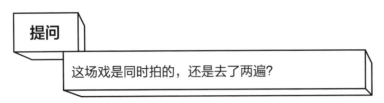

提问

这场戏是同时拍的，还是去了两遍？

同时拍摄完成的，提前将分场剧本整理好。对这场戏的处理，更好地解释了为什么剧本要分场。

例如，计划上午九点拍这场"饭前"的戏。按照剧本情节设计，接着要转场到餐厅拍摄。如果不提前进行剧本的分场，拍完餐厅这场戏之后，还要再回到这一场景，把主人公"跑回来拿画"这场戏继续拍完。

分场之后，可连续拍完，就意味着节省转场时间。

也就是说：我们在同一个场景的戏，最好安排在一起完成；**转场的时候，已经把该场景的戏全部结束了**；除非是日景、夜景这样跨度很大的戏份另说。

17.6　咖啡馆的镜头设置

咖啡馆的处理就有点问题了。

17.6.1　人物关系

问题之一：对人物关系的处理不到位，好像是两个朋友见面；其实并不是的，主人公给师姐送画，这是帮人忙。我帮你找到东西了，起码师姐要请喝一杯咖啡的，结果处理成主人公自己去买单。

谁结账？其实也是一种人物关系。

很多连锁饮品店都是先结账的，主人公往吧台走这个画面，已经将结账的意思带出来了。

17.6.2　镜头设计

可以这样来处理：送画的主人公走到门口，推门进来；门口与师姐座位离得较远，不能让师姐（演员）站着等，要走两步，迎一下。

走到两人距离的中心位置，面对面，师姐说："我们坐那边吧，你想喝什么，我去点餐……"这样安排拍摄，就不用再过去前台拍镜头，**也不会打扰到商家的正常营业，并完成你的剧情设置**。

缺一个外景大全的镜头，机位放在门口，拍主人公从外面往里走。还有一个反打的全景：机位在师姐身后拍摄。

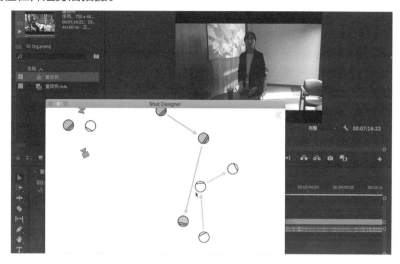

这两个镜头，是两人站位距离最远端的机位。

17.6.3　带关系拍摄

当两人汇合，师姐走（迎上）站定后的站位，要带关系拍摄。

对话……结束，师姐走向吧台，她的位置有变化，有动作了，拍师姐走过来。

这样一来，就完成这场戏最基本的机位设置和演员走位的调度。

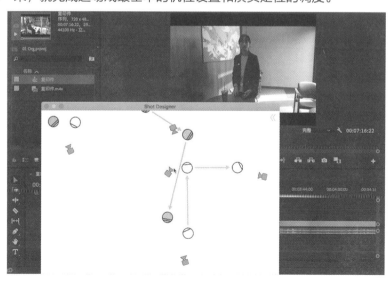

17.6.4　情节的合理性

"两个人坐下"是个败笔，因为聊的时间太长了。

还有，关于师姐发现主人公画的情节：师姐翻人家东西；看到画，知道她是网上的大神级人物。问题一是：道具重复，两人的道具都是画；问题二是：有点儿刻意。

这场戏中，两位同学聊了三分钟，这没人看得下去。

提问

主人公既然是一个神秘的人物，出门拿着自己的画干什么？

而且就一张纸，就像没什么用、随时可以扔的废纸，毫无精致、珍贵可言。

就是画面的份量很轻，跟这个大神级的人物设置不能匹配。

这里的情节设计还有待完善。

17.7　教室的机位设置

在教室这场戏中，没有设计让主人公走上台的情节。

师姐开场白："今天，我给大家带来一位神秘嘉宾……"之后，要安排让主人公走到台上来。

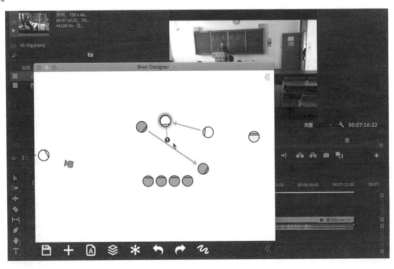

17.7.1　强化冲突

没有这样的画面，所以剧情一点都不紧张。

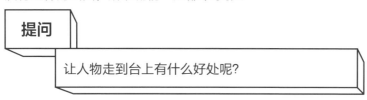

提问

让人物走到台上有什么好处呢？

加强戏剧冲突：主人公因为"吹牛"使自己陷入困境。

演员（二组长）讲完了走下台，应该是师姐走上台说"今天本来是我来讲，但偶遇了一位神秘嘉宾……"引出主人公，并要她登场。

登台前，主人公的内心是抗拒的。别人在台上讲时，让她走到教室后门，表现出紧张的情绪，而且要设计：人物在台下已经有点坐不住了，站起身，来回走动；打手势招呼师姐，想要中断演讲这个事，结果师姐没有注意到她。

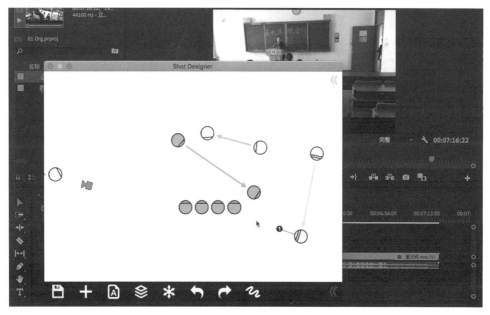

让主人公有一个犹豫、思考、徘徊的过程，然后再跑。

而且没给座位上的同学们镜头。不给观众镜头，感同身受的紧张感就出不来，这正是需要特写的时候：**要有主人公内心挣扎的特写。**

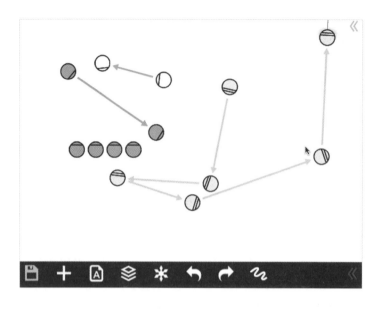

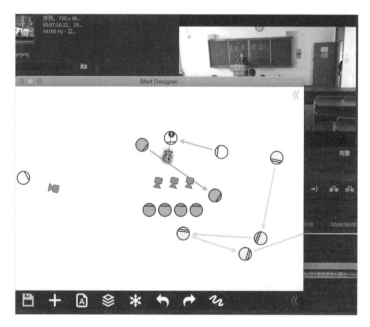

17.7.2　情绪镜头

　　还有，要带着听讲座同学的关系。演员走下来了，看到嘉宾（主人公）站在台下，对她点头，表示崇拜……这样可以把观众的感情视角也都引进来。

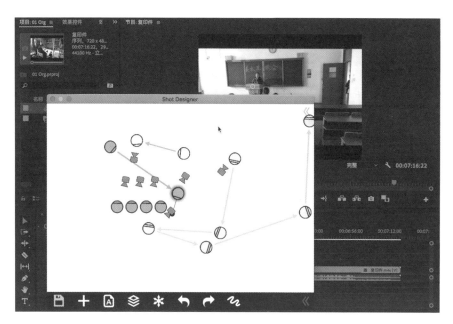

这里拍摄了一个攥拳的画面，用来表现紧张的心理，可以这样处理。

总结：一组做东西很稳，最后给我们创造了这个有情绪的画面，**整个影片还是完成得不错的。**

一组同学上来把这次拍摄给大家做一次分享。

……

第18讲　影响拍摄画面的要素

在本节课中，讲解拍摄中可能遇到的非常具体的问题：画面模糊、画面闪烁的问题，噪声问题……如果拍摄完成了，通过后期处理解决这类问题作用非常有限。

要想获得高质量的画面和声音，往往需要前后期共同协作。前期要避免拍摄时焦点不实，以防画面模糊；注意演员的着装，不要穿格子或条纹状的衣服，以防画面闪烁；输出视频时，选择合适的文件格式，以确保画面的清晰……

学生作业的主要问题还是对待拍摄的"粗糙"心理；其实，完成了并不等于做好了。多数同学的拍摄仅仅就是完成了，这对进一步提高是个巨大的"障碍"。

所以，要重视拍摄中的每一个细节，并且态度要严谨。

18.1　现场收音

噪声问题：后期解决噪声作用非常有限。

声音没有录好，就是一个重大事故，最佳的弥补方案就是：给演员重新配音，对口型。最好的规避方案就是：前期录音的时候，完成高质量的收音。拍摄时用录音机或者手机专用话筒，配合收音。

高质量收音的流程，对同学们的作业来说是复杂的。分两步走：先解决编导的问题，掌握将画面拍稳、拍好的技巧之后，对整个短视频的流程有了一定的了解，再改进声音的制作环节。

在室外的话，噪声问题要通过录音设备来解决；室内也一样，尽量避免在嘈杂的环境中拍摄。

让话筒尽可能接近演员。

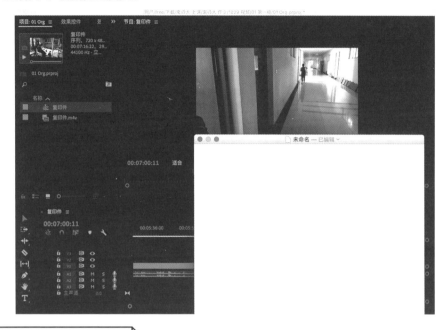

18.2　画面模糊

拍摄时导致画面模糊的原因之一是焦点不实，这要求同学们每次拍摄完，要回放看下效果，不清晰马上重新拍摄。**只要拍得不是特别模糊，进入后期环节就没问题。**

18.2.1　画面模糊的输出设置

提问

　　为什么画面输出后变得模糊，与之前画质相差很大？

因为在输出环节视频的编码没有正确设置。

有同学提交的视频作业是 AVI 格式，原大小是 600MB，太大了。

视频编码建议使用 H264，完成导出。

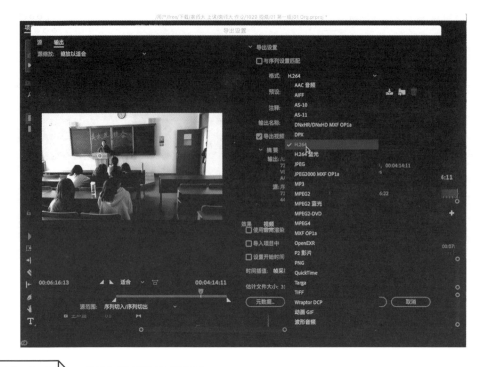

18.2.2　画面闪烁的问题

前面分析了一组的作业，下面再看一下六组的视频作业。

> ## 剧情简介
>
> 　　主人公的好朋友因为意外离开，主人公听人介绍有一个神秘人物，**他有一块可以改变时空的怀表**。主人公约了朋友前去找寻……她跟神秘人物达成共识，第二天中午 12 点还表，同时把自己的生日信息给了神秘人物。
>
> 　　为了验证这块怀表的"超能力"，主人公先把时间调到了早晨，当时她被一辆车撞倒，裤子被划破。主人公回到自己被撞之前，提前拐到了另一条路上……
>
> 　　她看了下自己的牛仔裤，被划破的洞没有了。
>
> 　　最终，**主人公用表的"超能力"回到了朋友出意外的当天，救了他**；但她操作有误，同时隐藏在背后的反角出现，导致她没有按照约定还表，结果她在无限的时间循环中，**周而复始地救人**……

我们打开工程文件，演员走……这块儿有一个闪烁。

提问

衣服有闪烁，这是什么原因引起的呢？

在拍摄的时候，要避免穿像下图中这类的衣服：竖格的、横格的、网纹状的。
格子会使视频的画面闪烁。

这属于硬件方面的问题。

目前，摄像机的镜头受限于技术原因，对格子类画面的识别会造成闪烁效果。

所以演员**穿衣戴帽方面要特别注意**。

18.2.3 画面的"跳"感

"两个演员走出来……"这块切得有点儿"跳"。

　为什么画面过渡时会感觉"跳"呢？

因为镜头（人物）运动的速度不连贯造成的。

前面镜头摇得快，后面接的镜头是慢的。将它们连在一起播放，**借位感出现，所以会感觉"跳"。**

两人逛街这里，也"跳"了。

剪辑点没处理好，演员手抬起，向外转半圈儿，这里"跳"得非常明显。仔细看，这块儿是胳膊肘往下，给画面剪掉一点点，我们试一下……

好点，但作用有限。

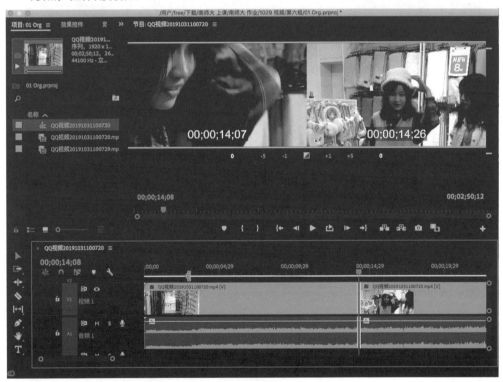

在演员抬头的位置多剪一点儿，这样就变得流畅了。

提问　如何避免镜头组接后产生不流畅的感觉？

单位时间内镜头组合的数量是有限的，片例中的时间线段落上放置的镜头不能过多。

提问	两个画面的景别不一样，连在一起也感觉"跳"，是怎么回事？

在片例中，这个镜头是同机位。不同景别，一个镜头分了两个画面，一大一小，连在一起肯定不舒服了，两个镜头间变化过少，所以会加强这种"跳"的感觉。

需要剪一下，将多余的删除。

18.2.4　补光的问题

提问	有位同学问我，夜景不够亮该怎么拍？

通常拍摄短视频，现场会用便携式的小型灯光，自带电池供电，无须外接电源。如果没有的话，就把手机手电筒打开，离人物尽可能地近，就能拍得相对清楚一点。

18.3　注意事项

18.3.1　画面重复

我们接着看，画面有点太长了：两个人还是在看帽子。直接让演员照下镜子，一转身，就行了，这就很流畅。

看镜子这个段落，现在 23 秒了，两个人还在试帽子，时间过长。

18.3.2　重要的信息

"你跟我去个地方……"这句台词很重要。

这里就给一个镜头，很容易让观众忽略了这个信息。

18.4　人物与场景

18.4.1　场景的丰富

　　本片在场景选择这块，也是尽可能按剧本的设计实施。在场景的丰富性方面，老师给你们点个赞。

18.4.2　神秘人物

　　这个神秘人物的出现（剧本中的设计：他有一块改变时空的怀表）。

提问

　　他有一块这么功能强大的表，他还坐在马路边吗？

　　人物的设定，跟他出场的场景不搭，再加上使用俯拍。他这么坐在地上，就容易让人联想到其他职业。

仰拍与俯拍

如果是仰拍会好一点，俯拍有一种"轻视"的意思。而仰拍呢，给人一种高大和伟岸的感觉。

神秘人物的这个手势没看懂，解释一下……

就是伸个手是吧。

提示：人物的每个动作在剧本中都要有意义。

18.5　关键的道具

提问	道具怀表在哪儿买的呀？

道具选得不错。

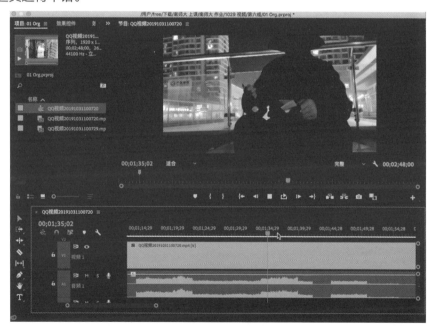

提问	主人公第一次检测表的"超能力"，应该在哪儿呢？

应该在她们与神秘人物见面的这个场景中。而现在安排的场景是在见面结束，她在洗漱间里……导致情节滞后，这会让人看不懂。

神秘人物拿出怀表之后，主人公接过来，不是把它装兜里，而是要测试一下，看它有没有改变时空的功能。

衡量怀表有"超能力"的第一个现象就是主人公的裤子，早晨被撞的位置划破的洞，还在不在？

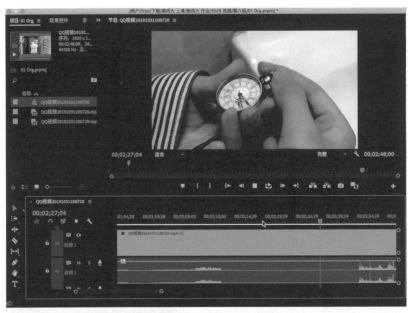

现在裤子是好的，说明时间被改变。

关于神秘人物出现的地点，在马路边上，可以再考虑一下。

神秘人物应该在一个房间中。

老师知道你们安排在天桥路边拍摄，是从上一场景（商场）出来后，就近取景。简化拍摄，能更快完成作业。这点可以理解，**但不支持，这样就出戏了。**

时间紧，可能你们没有太多时间去完善这些情节，没能有更好的安排。

这是老师对你们这场戏的设计提出的一个建议，再用一天的时间把全片完成。

18.6　制作字幕

老师提前做好的一个字幕文件，里面有 4 条字幕，将一条字幕放在时间线上，会发现它有一个固定的时长。

字幕与素材一样，是可以被剪辑的。将它们拖到视频的上层轨道上，根据人物对话的时间，对其进行相应的剪切处理。

18.6.1　修改字幕

老师之前对单个字幕进行了复制操作，所以每一条字幕的内容都一样。

(1) 要修改字幕，可以双击。

(2) 会弹出一个字幕窗口。

(3) 选择文本。

(4) 输入文字，即可修改原字幕的内容。

输入完成后，在窗口空白位置单击鼠标左键，完成字幕的修改。

利用键盘上的空格键，播放时间线上的素材，校看字幕的位置。

18.6.2　剪辑字幕

如果发现字幕长了，可进行如下操作。

(1) 选择轨道上的字幕。

(2) 将长的部分剪切，多余的删除。

(3) 字幕条变短了。

很简单吧！在时间线上每条字幕就像素材一样，可以被拖动、位移。

另外一点，大家要注意看人物说话的波形，学会用波形对字幕。

波峰起伏的时候，可以判定有人说话了。把字幕移到波峰附近，找合适的位置再进行微调。字幕的操作，都是在单独的轨道上完成，不然就会覆盖视频轨上的画面。

视频中有多少句话，就要有对应数量的字幕。

将单个字幕进行复制、修改、对位、剪切，直至完成所有对话的字幕。

注意： 字幕文件的复制操作，不要在时间线上完成，而是要在文件列表中。

如果在时间线上对字幕进行复制，修改同一个字幕文件，所有复制的字幕文件的内容都将改变，这显然不是我们想要的结果。

这是关于字幕的问题。

18.7　总结

刚才讲了一下六组的作业。有可能老师讲的东西，你已经知道，只是没有时间完善。这就使我们没法形成配合，导致你们学习中的问题不够突出，老师没法精准地去帮助你们。

只能说，你是因为着急，就先形成了这么一个片段。

老师只能在现有的素材中讲解，对你们的帮助很有限。

第19讲　视频后期问题汇总

　　在视频的后期环节，问题比较集中。拍摄的素材再打开时丢失了，而剪掉后的画面还在？片尾字幕怎么制作的？时间线如何缩放？这些问题都是在成片过程中操作软件时遇到的常见问题。

　　笔者在解答这些问题的过程中，涉及多个案例的引用，信息量较大。配以教学视频，根据本节课给出具体的操作步骤，帮助大家实现视频片尾字幕的制作、调整剪辑点使画面精简、素材的变速……

19.1　曝光锁定

有同学就手机拍摄的画面效果提出问题。

提问

为什么画面会忽明忽暗？

这是因为拍摄前没有对手机进行曝光锁定。

> **提问**　什么叫曝光锁定?

这是手机拍摄的一个特点。

在使用手机拍摄时,为了更加简单、容易上手,曝光是全自动的,默认情况下为不锁定,曝光随场景光线自适应(自动调节)。

激活相机,拍摄的时候,有一个小窗口——对焦框。

例如,要拍一个演员。在取景框里看他的位置,屏幕上用手指按住演员脸的位置不动停留 1~2 秒,就会出现一个曝光锁定图标。

这时,你再拍,即便室内光线变化,也不会造成手机视频的明暗变动。

如果没进行曝光锁定,光线从窗户过来,它是一种曝光值。当一摇镜头,又是另外一个曝光值,这个光线明暗变化就被记录在画面中。

在手机屏幕上,手指按住不放(拍摄对象)进行曝光锁定,就可以解决这个问题。

19.2　剪不掉的画面

> **提问**　剪掉了之后画面还在吗?

这也是挺常见的一个问题。

剪辑一部短视频,是一个反反复复的过程,准备把某一段素材剪掉了,但又感觉后面可能还会用到,可采用复制操作,将其放在时间线上的空白位置(远端),或者是插到某个镜头之间,输出时另忘记处理了。

导出整个序列的时间线,所有素材全部输出,结果就是:

> **提问**　已经删除的画面也随之被输出了,那怎么办呢?

在剪完了之后,先把画面浏览一遍,再进行输出。

还可以把时间线缩小查看。按键盘上的减号键或者通过屏幕底端的滑块,看下整条时间设定一个输出范围。将远端多余的素材选中并删掉,在序列结束的位置按一下 O 键,设定一个输出范围。

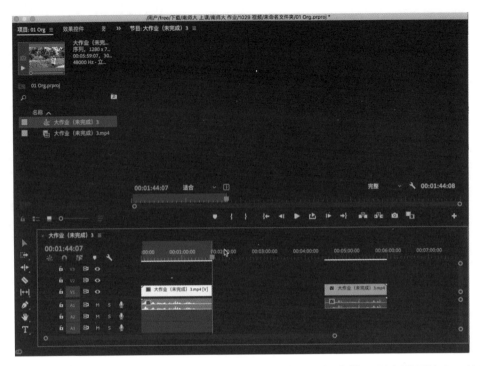

　　即便有一段素材还在时间线上，但它在打了 O 点的区间之外。再次进行输出，软件只输出设定范围之内的素材，即可解决这个问题。

　　个人建议，如果你感觉有拿不定主意的镜头，可采取下面的操作。

　　(1) 把要删除的素材进行复制。

　　(2) 放到一个新序列中。

　　(3) 新序列命名为"临时"。

　　该序列专门放置剪辑过程中想删除但又犹豫的素材。

　　在时间线上，把所有多余的设定 O 点之外的素材删除，确保整条时间线内都是成片画面。

　　后续再对成片修改的时候，从临时序列中也能找到这些之前想保留的素材。

19.3　制作片尾字幕

　　影片需要有一个片尾。

提问

一组的片尾字幕，怎么制作的？

可以这样完成。

(1) 执行"新建"|"旧版标题"命令。

(2) 完成创建字幕，把它拖到时间线的结尾处。

(3) 调整字幕的样式。

这是一个简单制作字幕的方法。

老师给你们的字幕文件也是这样做的，只是课前提前做好了。

19.3.1 | 滚动的字幕

接下来教大家制作滚动字幕。这里有　个模板，提前用 Photoshop 排好了版式。

字幕内容有演员表、职员表，服装、道具等工作人员的名字……我们要做一个向上滚动的效果。

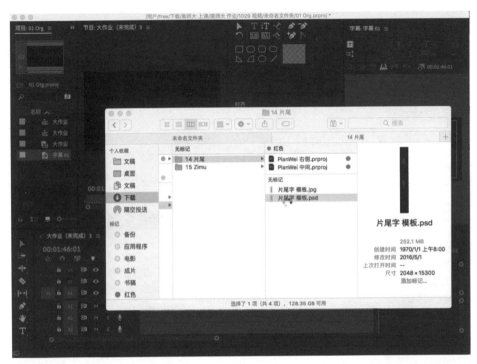

(1) 将字幕文件导入。

(2) 将字幕放在影片的结尾，它就是一个静帧。

(3) 到控件里找到"位置"参数，用它做向上运动的动画。

(4) 如果感觉画面大，可以调节"缩放"参数，缩小画面。

19.3.2　关键帧动画

我们定义一个开始帧，再定义一个结束帧，之间数值的变化即动画的区间。

(1) 在字幕开始位置建立关键帧。

(2) 把时间线往后拖，在结束位置把参数往上调整。

(3) 两个参数之间的数值变化，被记录成了动画。

(4) 字幕运动的快与慢，是由两点之间的数值大小决定。

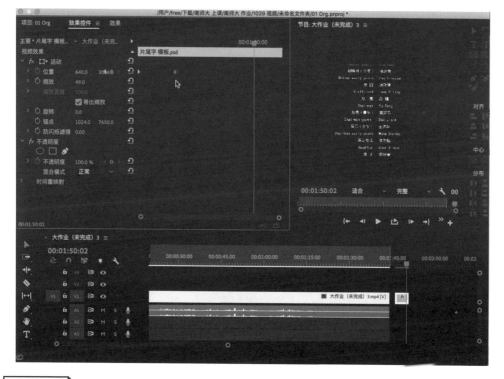

19.3.3　用关键帧控制速度

一个字幕的滚动，是由开始、结束两个位置的关键帧实现的。

- 关键帧往左挪，就会加快字幕的滚动。
- 关键帧往右挪，就会减慢字幕的滚动。

根据画面调整数值和位置……一个滚动字幕的效果就做好了。

二组组长还问过另一个问题：

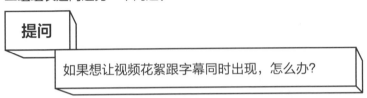

提问

如果想让视频花絮跟字幕同时出现，怎么办？

我们要将同屏出现的两个画面都进行缩小。例如，想要花絮视频在屏幕左侧入、屏幕右侧出滚动的字幕。

两层轨道，素材位置上下一致。

因为相同的时间内，它们都要同时显示。

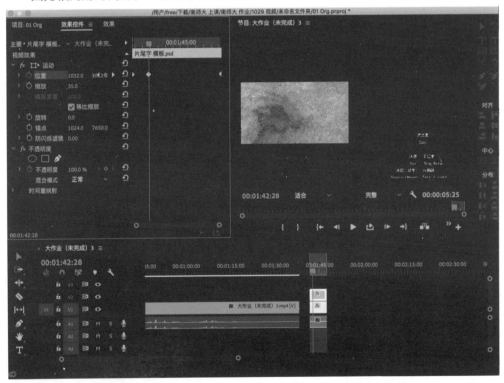

19.3.4　常见误操作

● 在调整画面位置、大小的过程中，关键帧按钮不会自动关闭，调整过程中所有操作都会被记录。

● 解决方法：把之前的关键帧都删掉。

这个镜头要重新做一下，现在关键帧乱了。

19.3.5　位置定位

定义画面与字幕出现的时间

调整"位置"参数，先把两个画面的初始位置设定好，然后再创建关键帧。

定义字幕结尾的时间

(1) 在时间线上往后拖，找到想要结束的位置，到这里字幕就要出完。

(2) 调整"位置"参数，让字幕画面往上走，直至全部字幕出画（走完）。

这个带有花絮视频和滚动字幕的效果就做好了。

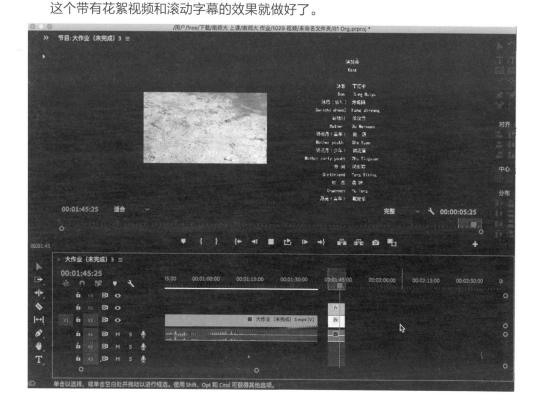

花絮配合滚动的字幕，创建活泼生动的片尾。

19.4　素材脱机的问题

看下二组的视频。

剧情简介

全国电子竞技大赛筹备阶段，主人公是一支竞技队伍的副队长，在组团练习时，发现一名队友特别不听调遣，**就当众抱怨对方拖了全队的后腿。**

这个拖后腿的人（反角）是帮朋友忙，临时拿手机玩的，因为朋友有急事马上要处理一下，游戏正在进行中，不便退出。结果副队的抱怨，让她十分气愤，**平日里她是此地的一个"硬茬"。**

两人对怼的截屏都传开了，因为很多人都知道副队招惹了"硬茬"，而且还叫嚣："今天晚上我等你，不来你是……"

其实副队并不了解对方，只是图一时痛快。这件事就被很多游戏群迅速转载。各种信息越传越邪乎，有人还 P 了图，说副队以前**在少林寺练过武功。**

有一个副队的崇拜者还前来找她，副队跟她又是一顿吹，朋友来电话告之，"硬茬"带了很多人过来找她。副队带着崇拜者谎称去教授排位上分，**其实是找借口开溜。**

走到门口被反角们围堵。逃跑的过程，副队向崇拜者坦白了，自己其实是说了大话……跑了半天，身后不见崇拜者。

回去找，看见反角一群人受伤跑……

崇拜者才是武功高手，帮副队摆平了威胁。

你们提出的一个问题是：

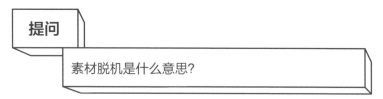

提问

素材脱机是什么意思？

打开工程文件，素材找不到了，这就是素材脱机了。

因为老师的电脑里没有二组的视频素材，所以进入了脱机状态。大家看窗口中的"文件路径"，工程里的这些视频素材文件链接不到。

继续下一步，选择"取消"按钮。

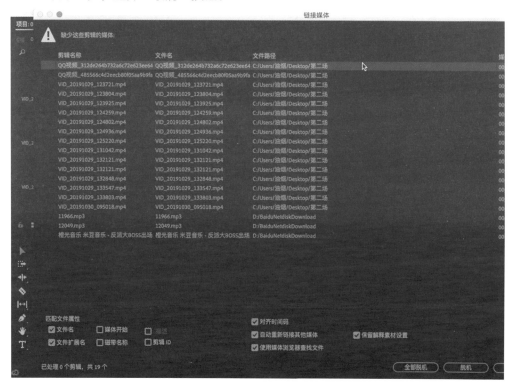

19.4.1　文件缺失

此时会出现这样的屏幕提示，意思是说：媒体文件找不到。

如果要让别人编辑自己的工程文件，需要把该项目全部的素材包括视频、声音、音乐、字幕等工程中所涉及的文件一同发过去才可以。

素材链接

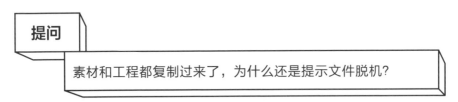

素材和工程都复制过来了，为什么还是提示文件脱机？

这是一个文件链接的问题。

例如，二组同学拍摄的素材，放进了"素材文件"的目录中。复制过来后，将这个目录放在"下载"文件夹中，打开工程文件，文件脱机。

需要重新对文件进行链接，因为原素材的工作目录可能保存在二组剪辑电脑的 D 盘，而老师的苹果电脑没有 D 盘这个盘符，所以也会出现这种情况。

直接单击"链接"，按照提示的文件名，选定本机素材目录中相对应的文件名，即可完成素材文件的重新链接，解决脱机问题。

19.4.3　素材检查

现在把二组这三场戏导进来。

提问

第二场、第三场，画面上显示一个黑边，这是什么情况？

因为这三个视频文件大小不一致。

尺寸小的视频，就会显示黑边。

我们现在看下"视频信息"，视频大小是 1920 × 1080。

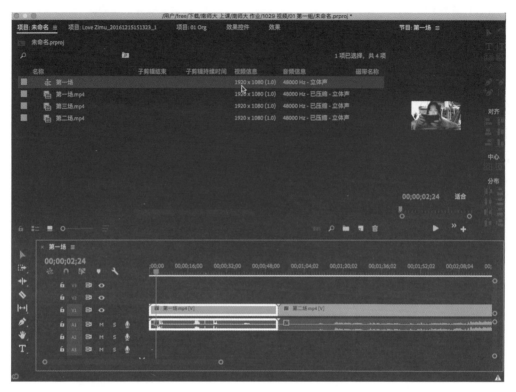

为了讲清楚这个概念，下面导入一个竖屏素材。把竖屏文件导进来，"视频信息"这一栏显示视频大小是 368×640。将该文件拖到时间线上，竖屏画面之外的黑色区就是被软件自动填充的。

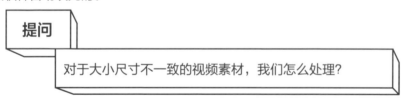

提问

对于大小尺寸不一致的视频素材，我们怎么处理？

打开"效果"控件，通过对小尺寸的素材放大，来解决视频大小不一的情况。

通常情况下，不建议放大，最好是对大尺寸的画面进行缩小，都以最小尺寸的画面缩小目标。

因为缩小处理，不会降低画面的清晰度。

在本片例中，我们稍微对镜头进行放大操作，让画面填满整个窗口，去除黑色的边缘。

19.5　拍摄与剪辑的问题

二组拍摄的主要问题，还是镜头太单一。看手机，都不给她手操作屏幕的特写。

对该段落的镜头调整一下：看一眼，"着急"的画面挪过来……再看"失败"的画面。

这样的调整，会使画面变得更丰富，因为之前演员的表演，与事件没形成关联，好像她并不关心失败。玩游戏时抱怨发生的原因：明明领先，这都能输。

演员就要表现"炸"（发火）了……

19.5.1　精简画面

这段镜头太多了，如果把它剪掉，还是能连上的。

剪辑目的就是使画面精简。这么长的镜头，大家已经看清楚，再看节奏就慢了，而且你还要拉镜头。

拉镜头，本身也会拖慢影片节奏。

演员说话了，没有给正脸的，出现的全是背影。

19.5.2　提高音量

这个声音太小，后期的解决办法：把波形往上提，能加强一点音量。

提问　声音还是小怎么办?

(1) 将视频与声音取消链接。取消链接后,音轨才能单独被选择。

(2) 按住 Alt 键,按下鼠标左键不放,将音轨往下层轨道上拖动。

(3) 即可完成音轨的复制。

操作成功,当前镜头的音量被提高了一倍。

19.5.3　机位设置的问题

提问　我们看一下教室这场戏的机位设置,为什么不推近拍摄?

按图中所示位置放置摄像机。

这个机位看起来很奇怪。为什么不推近一点拍摄,画右侧留的空白过多。

如果能再给两个镜头就会更好。

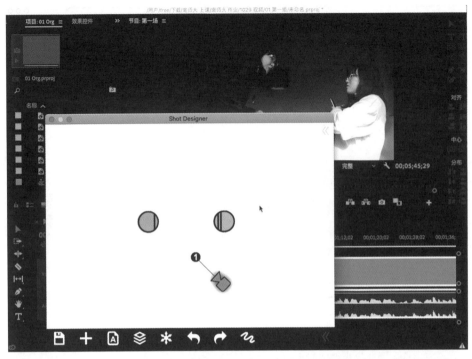

"崇拜者"走过来了，要跟主人公坐一起，不用拍她一下，示意让她往里坐。

按"崇拜者"豪爽的人物性格，"来来来，快点快点，往里挪一下"，应该是这种感觉。

这里的处理方式，节奏有点慢。

把这块剪掉，因为拍摄时缺少一个机位，这样硬剪的话就感觉有点"跳"。

19.5.4　人物关系带入戏中

人物刚见面，不可能这么亲切。

在生活中，演员之间很熟，所以就把这种感觉带到戏里来了。

情景中的崇拜感是出来了，但主人公推开的动作晚了点。"崇拜者"一靠过来，就要给她推开。

19.5.5　调整剪辑点

还是之前的问题，如果镜头间尺寸不匹配，让人看着很奇怪。

这个出场可以剪开这样用："接电话"，接前面那一条；"反角往这边走"，接"电话放下"。把平行时空建立起来，然后再接"扔衣服"的画面。

接到电话后，主人公害怕了，走的时候拉上崇拜者，很仗义。

1. 上楼

"上楼"这里拍得不够紧张，拿手机的手抖所以画面太晃，要多剪掉一些。

2. 危险逼近

主人公接了个电话，知道对方来了，害怕，要走；对方已经到楼梯这了。

危险逼近了，反角带人冲过来了。老大："她们在这儿"。

3. 逃跑

逃跑处理得不够紧张，主人公跑的时候场景太空，就是景别过大，拍摄的人没有跟上。他俩一跑，动接动，直接接反角追过来：就相当于是他们跑，另一方在追。

节奏要快点儿，这里跑得有点慢。

19.5.6 | 素材加速度

可以给人物跑的素材加速一下。

有一个小命令，偶尔会用一下，让素材加快，现在是 100%。右击素材，在弹出的快捷菜单中执行"速度 / 持续时间"命令，打开相应的对话框，在其中设置"速度"为 120%，速度就会快点了。

提示： 最好不要这么用，拍的时候跑快点就行了。

跑出来了，她人呢？

主人公回去找她……因为明知道后面有危险，对方正在追过来，危机还没有解除。

"崇拜者"表现力到位，最强"杀手"，原来戏精在这儿呢……

今天按老师说的修改意见，再把片子重新细化一下。

19.5.7　时间线的缩放

时间线可以放大、缩小。

用键盘上的加、减号键控制：加号键就放大，减号键就缩小。

如果无法操作，切换到英文输入法再试一下。

19.5.8　高质量的收音

提问

> 台词中的杂音怎么减弱？

这个问题和刚才一组的提问有相似之处。

给大家演示一下平时拍戏的时候如何收音。

这里有一个录音机，有一个挑杆，话筒固定在杆的顶部，有一个人专门举着杆。演员说话的时候，话筒放在他 / 她的头顶，控制好话筒位置，使其始终在镜头的景别之外。

这样的收声，对话质量高，杂音小。

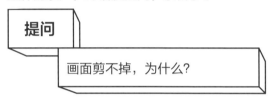

就是没有剪掉，剪辑误操作，剪切镜头后对多余的画面没有完成删除操作。

前面把几个组的视频作业，不管是片段还是成片的，都过了一遍。

各组把今天在黑板上写出的问题电子版发给老师，老师看一下有没有漏掉的？

问题总结

(1) 脱机，素材缺失。

(2) 如果你要别人配合，需要把全部素材发过去才可以。

(3) 后期解决噪声问题，作用非常有限。

(4) 声音没录好，就是一个重要的事故。

(5) 最完美的解决方案：就是演员重新配音。

(6) 最好的方案：就是前期拍摄时，用录音机，或者单独有一台手机，负责收音。

说一下作业的事，同学们这些天都进入全力以赴的创作状态。感谢各位小组长，因为组长担负着每天收作业、组织各项工作的任务。

今天的一个作业是：每组以《组长》为题，排演故事。形式题材不限（夸也行，贬也可以），不要拍出来，就明天在现场演出来。

要评选出一位优秀组长，老师送给他一份小礼物。感谢各位组长的辛勤付出。

关于成片，因为，受制于条件，大家拍得声音不好。所以，要上字幕，如果一个组的视频都让一个同学来剪的话，效率有点低，需要找其他同学配合。

除了一组之外，其他组都没拍花絮。各组花絮明天也一起交！

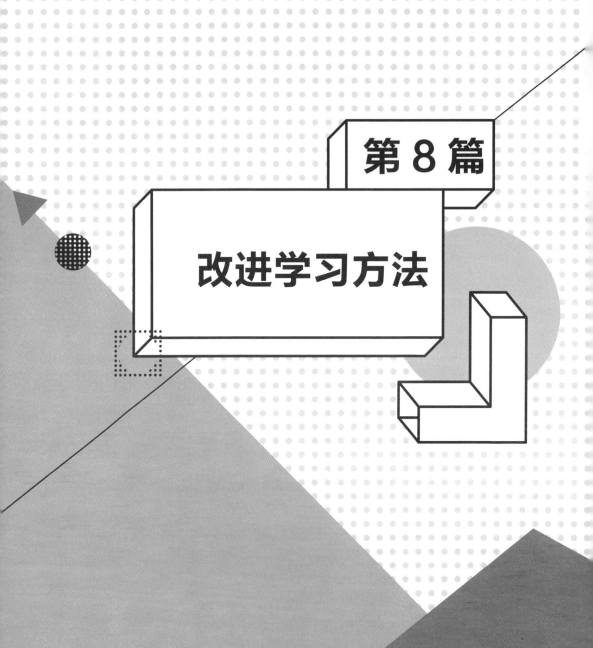

第 8 篇

改进学习方法

第20讲　剧作语言训练法

在本节课中，笔者将分享如何拉片，并制作拉片表格。拉片可以加强大家对故事的理解，它会从根本上改变我们剧本写作的用词。

短视频和其他影视作品一样，都是时间的艺术。脑海中的画面常常是一闪而过，感觉没花什么时间；但眼见的画面，却不像一念之间那么短暂，每一个镜头的存在都是有时长的。

剧本写作要有时间概念，你要写下每个镜头的时长，这会帮助你理解影视中的时间。

掌握对光影的描述，学会运用镜头的语言，形成自己的语言风格。

在等人、办事的时候，在公交车上……只要有时间，别让脑子闲下来。常常思考，想一想自己分析过的这些片子；试着去优化这个故事，让大脑成为你的"剪辑机"。

20.1　如何拉片

今天借着"拉片"这一主题，对镜头景别的运用做进一步的阐述。

提问

拉片有什么用？

它会从根本上改变剧本写作的用词。

同学们在写剧本的时候，经常会用词不准，描述人物动作的时候感觉力不从心……

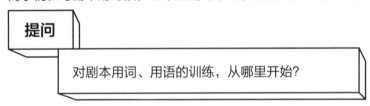

提问

对剧本用词、用语的训练，从哪里开始？

都是从影片中总结出来的，需要自己体会和总结。同学们将来要从事这个行业的话，要学会自己总结。

在拉片的过程中，有个神奇之处：同一个镜头，可能不同人看到的内容不一样。这其中的差异，就是因为不同人对剧作语言的理解。

接下来，通过具体的镜头看一下有哪些方面不一样，究竟写作用词有什么具体的区别？

20.2　课堂实践

将影片导入剪辑软件中。

在时间线上每个镜头的结尾处剪一刀，可方便观看该镜头的时长。

老师开始播放选中的镜头。

实践内容		
组长	同学看到的内容	老师反馈
一组	一个高度发展的星球	就一个星球是吧
二组	飘浮在空中的城市用线连接在地上	需要补充
三组	建立在废墟之上的高科技火车	就一辆火车，没有了啊
四组	火车的车轮在不停地旋转	需要补充
五组	火车的后半车厢驶向另外一个轨道	这不是火车头嘛
六组		看不出来是吧
写到黑板上		

点评：

等板书的两位组长写完，咱们从头看一下。

可能大家在课堂上回答问题有点着急，所以写得不够详细，这并不能代表你们的真实水平。

接下来，老师把各组长写的镜头内容拓展一下。

20.3　拉片示范

> **剧情简介**
>
> 　　这部短视频讲述了外太空星球上，**两名"底层"机器人成功逃跑、奔向自由的故事**。在一辆火车上，负责动力系统燃料填充的两名机器人，看到车窗外其他机器人可以自由活动，不像它们的身体要连接导管供能，导致活动范围受限。
>
> 　　高个机器人拔掉身上的导管，以低电量模式跑到能源仓库，偷了两个"能量球"装置，自己用一个；另一个则分给矮个机器人。
>
> 　　飞行器巡查小队发现了丢失的"能量球"，向它们射击。两个机器人跑到车顶上，通力协作，成功毁掉飞行器小队……

20.3.1　分镜表

先做个表格。

分四列，行数不限，需要时随时可加。

在中间最宽的表格内，填写镜头的内容。

20.3.2　忌过于抽象

一位同学写："一个高度发展的星球"。

这样的剧本用词，是拍摄不出来画面的。

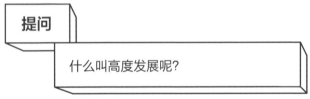

提问

什么叫高度发展呢？

很难回答，因为过于抽象。

这个镜头要清晰阐述出来，需要用词（技巧）。你描述不出自己的所见，就无法将脑海中想象的事物写出来。所以，我们需要完成接下来的练习。

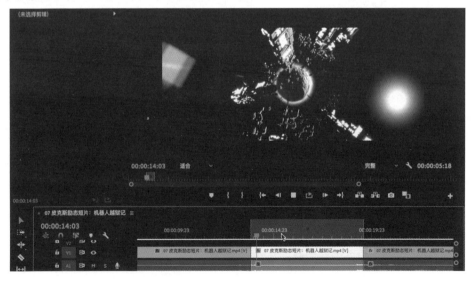

第一句话："画面中心有一颗行星，周围发着光"。

非常具体的镜头画面，而脑海中的概念常常是抽象的。**把你所见的细节写下来**，这是剧作语言训练中很重要的一环。

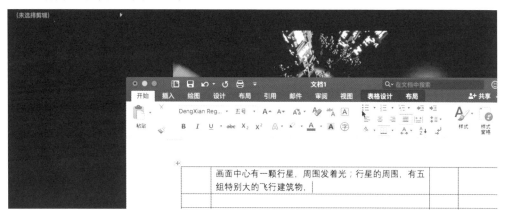

20.3.3　镜头的时长

"行星的周围，有五组特别大的飞行建筑物"。

看镜头运动方向，镜头并不是推，镜头是往下摇一点。

镜头下摇……完成了第一个镜头的拉片，我们看一下它的时长：5 秒。

剧本写作要有时间概念，**要写下每个镜头的时长**，这有助于理解电影中的时间。

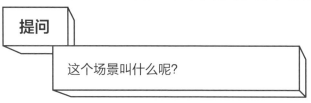

空镜。

镜头的景别：这个场景是大远景。

再看第二个镜头，同学写的是"飘浮在空中的城市用线连接在地上"，这是可以的。

20.3.4 | 用词要具体

补充一下："地面十分空旷，有一辆车从右向左驶去"。

"飘浮在空中的城市……"要把三个较大的物体，比较明显的漂浮物，三栋大的建筑物，写出来。

用"……从天空连到地面上"作为这句话的结尾。

> **提问** | 画面中有光源，怎么来形容?

"建筑物的顶端有三个巨型的光源"。

这个是镜头下摇。

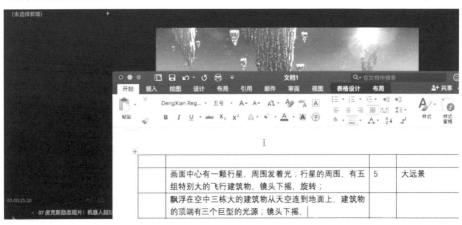

| 提问 | 一辆车在轨道上，你看见没有？ |

"地面乱石上面有一条轨道，车从画右驶向画左"，这才是一个完整的镜头拉片。看镜头时间：8 秒。

| 提问 | 这是什么景别？ |

这也是大远景。

如果连续的镜头都是大远景，表格不用逐一写，复制下来或者空着都可以。

看下一个镜头，同学写的是："建立在废墟之上的高科技火车"。

| 提问 | 什么是高科技火车？ |

要把火车形状具体化：车身是流线型的，金属材质，车顶有灯发光……都要写清楚。

车前端有四组排列整齐的窗口。

上述是对短视频中高科技火车的具体描述。

20.3.5 剧本的细节

我们看下这个镜头多长时间，镜头时长是 3 秒。

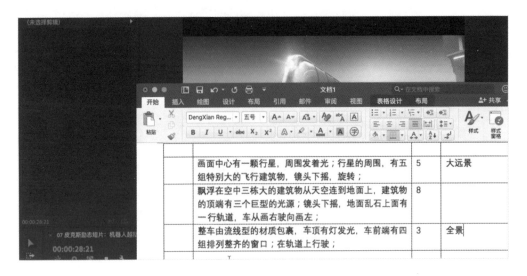

画面中心有一颗行星，周围发着光；行星的周围，有五组特别大的飞行建筑物，镜头下摇，旋转；	5	大远景
飘浮在空中三栋大的建筑物从天空连到地面上，建筑物的顶端有三个巨型的光源；镜头下摇，地面乱石上面有一行轨道，车从画右驶向画左；	8	
整车由流线型的材质包裹，车顶有灯发光，车前端有四组排列整齐的窗口；在轨道上行驶；	3	全景

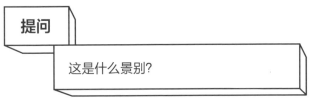

提问

这是什么景别?

这是个全景。

再看下一个镜头，"火车的车轮在不停地旋转"。

"火车的车轮……"，没问题，老师再给你补充一下。

大家注意看车轨两边的路牌。

刚刚大家看成片的时候，应该对这个道具印象深刻。它在这个镜头中出现是有用意的，这是主人公后面要把"坏"机器人损坏的一个重要设置，如果前面没有这个铺垫，后面再让它发挥作用，会感觉唐突，有点奇怪。重要的道具，也要提前给镜头。

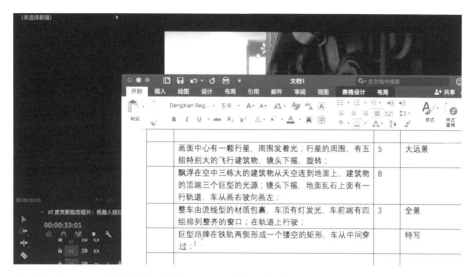

老师补充一下"路牌"的描述：巨型路牌在铁轨两侧形成一个镂空的矩形，车从中间穿过。

如果再细点的话，还有地面上的岩石、光影、远景中巨大的建筑物（建筑物漂浮在空中）……只有**在剧本中写出非常具体的细节**，将来的分镜头脚本，包括概念设计师才能更好地发挥想象，进行二次创作。

你不能自己不想，只让别人去构思。

剧本的细节是后续（概念设计师和动画师）开展工作的基础。

20.3.6　特写镜头

这是一个特写镜头。

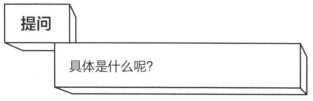

具体是什么呢？

这是车的顶部。可以这么写："车行驶，顶部的大灯"，特写。

看下这个镜头时长：1.2 秒。

看上一个镜头时长：2.4 秒。

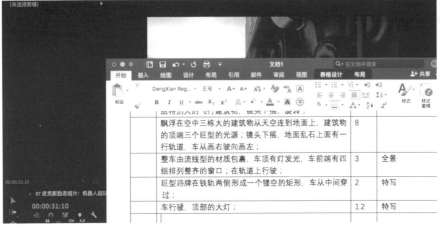

飘浮在空中三栋大的建筑物从天空连到地面上，建筑物的顶端三个巨型的光源；镜头下摇，地面乱石上面有一行轨道，车从画右驶向画左；	8	
整车由流线型的材质包裹，车顶有灯发光，车前端有四组排列整齐的窗口；在轨道上行驶；	3	全景
巨型路牌在铁轨两侧形成一个镂空的矩形，车从中间穿过；	2	特写
车行驶，顶部的大灯；	1.2	特写

20.3.7　全景

我们继续往下看。

这个镜头写的是："火车的后半车厢驶向另外一个轨道"。

问题一，画面中有两条轨道："一条弯曲延伸至画左；一条笔直向前"，**要准确地描述出来，不然意思就差了很远。**

问题二，它不叫车头。

准确的写法："车头与车身分离（这是具体的动作），车头驶向弯轨；车身前行"。用词都应该是动作的描述；时长 3 秒。

提问

这是什么景别？

这是一个全景。

我们再看下一个，"火车继续高速前进"。

没问题。这个时候，已经不叫火车了，叫火车头，因为它已经跟车身分离了。

可以这么写："车头驶向弯轨"，时长 3 秒。

巨型路牌在铁轨两侧形成一个镂空的矩形，车从中间穿过；	2	特写	
车行驶，顶部的大灯；	1.2	特写	
画面有两条轨道，一条弯曲延伸至画左，一条笔直向前；车头与车身分离，车头驶向弯轨，车身前行；	3	全景	

分析了几个镜头，将同学们看到的内容，跟老师看到的内容进行对比做了一个阐述。

20.3.8　动作与细节

老师再选两个有代表性的镜头，咱们继续看一下（人物、动作和细节）。

这个镜头挺长，从车窗摇进来。如果你不写清楚的话，画面效果也是做不出来的。

提问

这个镜头，你看到了什么？

另起一行写"车厢有七个窗户"。

"光形成光柱照在了地板上，两个机器人左右各站一边，背对着对方"。

1. 细节

以本片为例，动画的制作都以帧为单位，**看画面效果常常是一帧帧地看**。

在拉片的过程中，为了看清细节，我们也会这样做。

举例说明，镜头中导管的细节（状态与轨迹）。两个机器人身后各连接着一根导管，为其提供能量，并将其限制在工作岗位上。

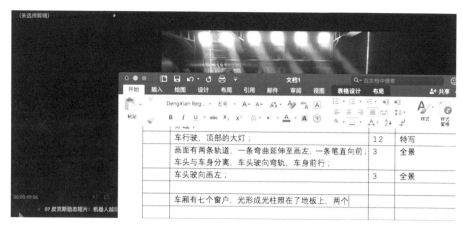

车行驶，顶部的大灯；		1.2	特写
画面有两条轨道，一条弯曲延伸至画左，一条笔直向前； 车头与车身分离，车头驶向弯轨，车身前行；		3	全景
车头驶向画左；		3	全景
车厢有七个窗户，光形成光柱照在了地板上，两个			

导管垂下来的时候，为了表现它的柔性，注意看它运动的细节。

左右两侧导管的弯曲度是不一样的。连接矮个机器人的导管，形成的弯曲度较平滑；画右的机器人个子高，身后导管形成的弯曲度较大，画面是这样的，如下图所示。

这些细节不用写到分镜表中。在这里以导管为例，示范镜头中这些小细节，都需要引起注意和重视。

看它们的动作。

提问	镜头摇下来的时候，画左的机器人是什么动作？

画左的机器人抱着矿物质。

在镜头表中写："镜头下摇，画左的机器人双手抱着矿物质"。

提问	它干什么去了？

"走向燃烧炉，将矿物质扔进炉中"，这是它的动作。

它是矮个子的机器人，扔东西的动作要符合它的人物特点。

2. 角色的动作

它的动作：右手的机械锤砸，再抽回；左手的钻头，打进去……一个完整的动作。这些个性化的动作都需要设计。

看画右机器人后续的动作。它抬起手臂前，有一个身体后仰的动作；然后，右手抬起机械锤砸向矿物质，回撤；左手的钻头分离矿物质。

这就把整个角色的动作描述清楚了。

车厢有七个窗户，光形成光柱照在了地板上，两个机器人左右各站一边，背对着对方；镜头下摇，画左的机器人双手抱着矿物质，走向燃烧炉，将矿物质扔进炉中；画右的机器人，身体后仰，抬起右手的机械锤子，砸向矿物质；右手回撤，左手的钻头分离矿物质；	6	全景

这个镜头时长 6 秒，这也是全景。

我们再往后看……接下来，做些景别方面的讲解。对景别这个知识点，上次讲得不是很全面，今天做一次补充。

下图中的钻头，这是特写。

钻头向后，这是中景。因为中景就是画面中带到角色齐腰的位置（动画片中的角色也是按照人体的比例制作的）。

特写：手抓着矿物质，如下图所示。

近景：角色胸部以上都在画面中，如下图所示。

全景：角色完全在画面中，如下图所示。

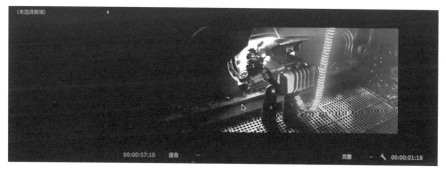

20.3.9 景别划分

同学们拍摄的时候，用中近景和特写都少，所以画面不丰富。

大特写：把镜头推到眼睛这个位置就是大特写。

看看能不能找到一个"小全"镜头。

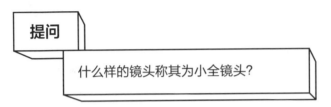

提问

什么样的镜头称其为小全镜头？

小全：角色不完全在画面中，有部分在画外。

景别分为中景、近景、远景、大远景、特写、大特写、小全。

20.4 拉片表格

刚才用 15 分钟的时间给大家演示了一下如何拉片，下面是课上分析的镜头内容。

序号	内容	时长	景别
1	画面中心有一颗行星，周围发着光；行星的周围，有五组特别大的飞行建筑物，镜头下摇，旋转	5	大远景
2	飘浮在空中三栋大的建筑物从天空连到地面上，建筑物的顶端有三个巨型的光源；镜头下摇，地面乱石上面有一行轨道，车从画右驶向画左	8	
3	整车由流线型的材质包裹，车顶有灯发光，车前端有四组排列整齐的窗口；在轨道上行驶	3	全景
4	巨型路牌在铁轨两侧形成一个镂空的矩形，车从中间穿过	2	特写
5	车行驶，顶部的大灯	1.2	特写
6	画面有两条轨道，一条弯曲延伸至画左，一条笔直向前；车头与车身分离，车头驶向弯轨，车身前行	3	全景
7	车头驶向画左	3	全景
8	车厢有七个窗户，光形成光柱照在了地板上，两个机器人左右各站一边，背对着对方；镜头下摇，画左的机器人双手抱着矿物质，走向燃烧炉，将矿物质扔进炉中；画右的机器人，身体后仰，抬起右手的机械锤子，砸向矿物质；右手回撤，左手的钻头分离矿物质	6	全景

　　备注： 在此选取了开篇的画面，让六个组长上来写镜头描述。大场面的拉片，对同学们来说有点难，因为画面元素较多；人物动作的画面描述相对容易，而且对于景别、画面内容的讲解，也更易于大家的理解。

20.5　总结

　　上面的拉片表格，把它转变成剧本，大家看一下。

提问

　　　　想一下，让你写一个关于机器人的剧本，怎么写？

　　如果你脑子里边没有对机器人特点的总结，可能就写不出这样的剧本。

　　学习并掌握要写的人、事或机器的**特点和工作原理等具体的内容**，是剧本创作所必需的东西。

　　将拉片内容按照剧本格式进行调整。

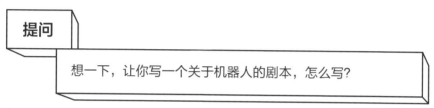

车厢有七个窗户，光形成光柱照在了地板上，两个机器人左右各站一边，背对着对方；镜头下摇，画左的机器人双手抱着矿物质，走向燃烧炉，将矿物质扔进炉中；画右的机器人，身体后仰，抬起右手的机械锤子，砸向矿物质；右手回撤，左手的钻头分离矿物质；

　　顶格、缩进、间隔……

车厢有七个窗户
光形成光柱照在了地板上

两个机器人左右各站一边，背对着对方
镜头下摇，画左的机器人双手抱着矿物质

走向燃烧炉，将矿物质扔进炉中
画右的机器人，身体后仰，抬起右手的机械锤子，砸向矿物质

右手回撤，左手的钻头分离矿物质

　　增加场景，删除部分镜头语言的叙述……

　　车厢　　内　　夜景（夜景、日景不是很明显）。

动作前要空两格。

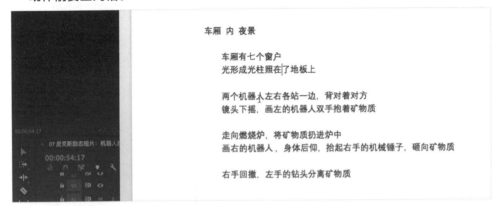

"画左的机器人……"，这个时候需要给它起个名：机器人 038，双手抱着矿物质，走向燃烧炉，将矿物质扔进炉中。

机器人 250 身体后仰，抬起右手的机械锤。

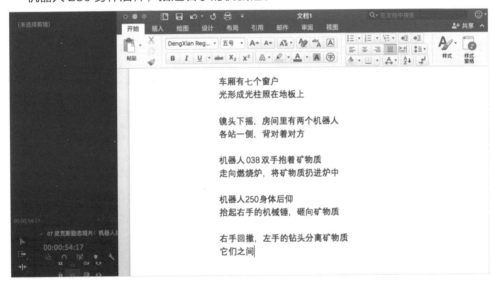

"它们之间……"这句删除。

在剧本中要写出空间感。

掌握对光影的描述，学会运用镜头的语言，形成自己的语言风格。

这就是拉片的目标……

为拉片表增加表头、序号、内容、时长、景别，镜头要编号。

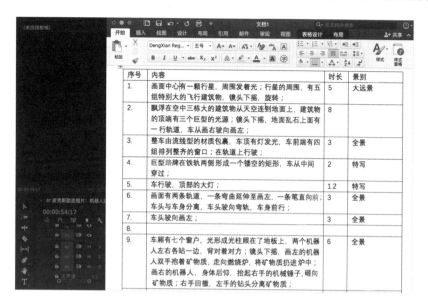

20.6　拉片转剧本

拉片转剧本这一环节，可以帮助大家解释剧本的写作原理。

剧本片段的内容如下。

剧本片段
车厢　内　夜景
车厢有七个窗户 　　光形成光柱照在地板上 　 　　镜头下摇，房间里有两个机器人 　　各站一侧，背对着对方 　 　　机器人 038 双手抱着矿物质 　　走向燃烧炉，将矿物质扔进炉中 　 　　机器人 250 身体后仰 　　抬起右手的机械锤，砸向矿物质 　 　　右手回撤，左手的钻头分离矿物质 　　它们之间相互配合

20.7　学习方法

下面跟大家分享一种学习方法。

先说一下影片时长的问题，在剧本中大段的对话都是不可取的。

从现在上课的环境中举例说明。例如，老师站在讲台上准备上课，一句话都还没有讲，几秒钟就已经过去了……

脑海中的画面常常是一闪而过，感觉没花什么时间；但眼睛看见的画面，却不像一念之间那么短暂，**它的存在会延长影片的时间**。在剧本中，用对话编织情节，两个人的对话只要超过五句，基本上就要考虑把对话精简了（尤其是学生的视频作业）。

对话太长，没人愿意看。

现在是一个快节奏的社会，短视频本身就要短小、精彩。如果有大段的对话，显得有些拖沓。

拉片需要花费多倍于影片时长的时间。

以课上的这部片子为例，影片时长 8 分，拉片需要用时三四个小时。

专业、系统的学习是先用十几部片子"打底"。也就是说，以工作日计算，所需要的时间是一至两个月，可将剧本的语言规范化；同时，**拉片还可以加强大家对故事的理解**。

这是学习方法，同学们要准备好，开始新的修炼。

今天拉完一部片子，明天可能就忘了，要把拉片的文档存下来，经常去看。我们要不断地跟"遗忘"做斗争。将来，**当你找灵感的时候**，**也可以很方便地调用**。参考片中的闪光点，让我们的创作游刃有余。

| 提问 | 拉完片子，容易忘，怎么办？ |

在等人、办事时，在公交车上……没什么事儿的时候，别让脑子闲下来，经常思考，想一想自己分析过的这些片子；试着去优化它们的故事，**让大脑成为你的"剪辑机"**。

| 提问 | 在某个情节的设计上，你是不是有更好的安排？ |

片子拉完了，并不是学习就结束了，而是要不断地去回想。这是提高拉片效率的一种思路。

昨天老师讲了一个事：我们专职从事剧本创作的概率很小，**只有自己技术足够全面，才更容易接到项目**。

可能有人会找你写剧本，还会找你拍短视频，拍 TVC 广告，拍宣传片……比较多的是整体打包的项目，完成它们所需要的核心内容都是一样的，就是让剧本出彩，这也是我们课程追求的目标。

第21讲 客户提案与应对

商业项目的操作大多如此：一家客户会找三四家制作公司进行比稿。谁提交的方案最合乎要求，接近预算，就选择用谁；然后支付定金，启动项目。

做创意，并不是难事，提案就像一套标准答案，即便刚刚接触这门课程的同学，都能做到及格，拿出贴近客户要求的方案。相比有多年工作经验的从业者，提案时大家的思路、想法大同小异。

最终，成片的差异还是在落地执行这个环节，也就是细节决定成败，决定能否顺利交片，最终拿到尾款。

21.1 做游戏

今天通过做游戏的形式，选出"客户"并发出项目需求。其他组进行投标：阐述想法，通过竞争拿到"项目"。

老师将还原一个**客户招标与提案的过程**。

"动物园里有什么"这个游戏很有趣，而且不难。

今天需要两名优胜者。胜出团队，把黑板擦一下，写一下。

21.2　角色分配

刚才"排序"游戏胜出的两个组就是"客户"。

我给"客户"组单独发参考片，他们看了片子之后，**以公司角度提炼企业元素，编排项目背景**，还原客户要求。

然后，其他四组就客户提出的要求，大家开始比稿、接活。

商业项目的操作大多如此：一位客户会找三、四家制作公司进行比稿。

谁提交的方案最合乎要求（接近预算），就选择用谁；支付定金，启动项目。

二组、六组现在收一下参考片：**一个是烘焙连锁品牌；另一个就是工厂的宣传片**。

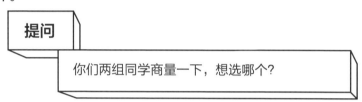

一家烘焙企业，有多家连锁店形式；还有一个是加工厂，好几百人规模的。

来二组、六组，讨论一下……你们现在是老板，是客户代表。

21.2.1　烘焙企业

六组选择烘焙企业。

> **剧情简介**
>
> 　　母亲为女儿准备早餐开篇；烘焙店环境和工作人员展示；小女孩、女学生、职场白领、妻子，一个女性视角在日常生活中**对烘焙食品的钟爱和需求**……

影片结构图

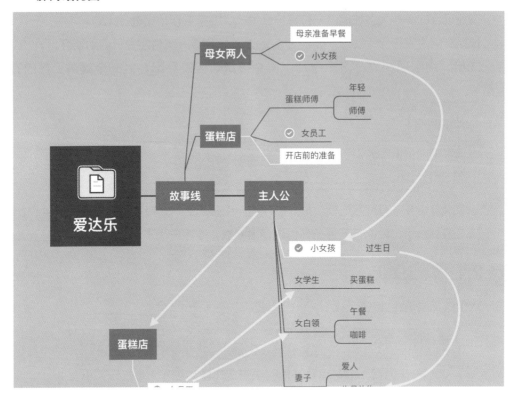

21.2.2　加工厂

二组选择加工厂宣传片。

剧情简介

工厂环境展示、先进技术展示、加工环节展示、工厂的发展历程……

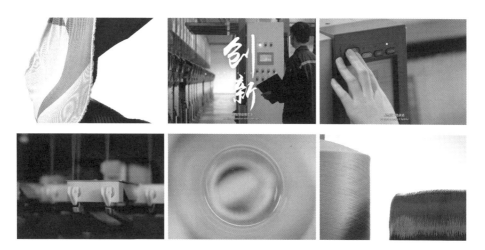

两组同学看完片子后，**讨论一下你们所选的企业想在影片中强调的重点，然后开始**阐述。

之后，其他组的同学根据他们的阐述去提案。

……

21.3　客户阐述

| 提问 | 看完了吗？有需求吗？ |

来阐述一下。

| 提问 | 咱们的"客户"到了，同学们什么状态？ |

今天来了两位"客户"，先跟大家介绍一下，你们是什么企业的？

1. 阐述（以加工厂为例）

我希望你们能表现出公司对员工的重视，我们给公司员工发展空间，并且展现公司对于环保这方面的重视。

我们公司还是重点基地，所以希望你们能够在片中展现我们永远跟党走、不忘初心、牢记使命的精神面貌，希望能够在片中体现我们公司的标语（团结、诚信、稳健和创新）。

最重要的一点：能在片中表现公司从最开始一步一步走向成功的历程……

好，说得挺好，老师希望你们能通过这门课，将来能接到实际的项目。

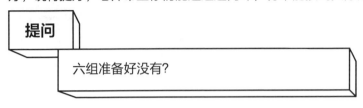

再研究一下是吧，客户这么难当啊！

……

2. 阐述（以烘焙企业为例）

清晨，主人公为一家人准备早餐，下班了去烘焙店采购，呈现店面环境和种类丰富的蛋糕画面。

好，比较接近啊。

刚才"客户"也说了，**倾向于你们组的提案**，再把爱情元素加上就非常接近了。

很好的一次提案。

备注： 做创意，并不是难事，提案就像一套标准答案，即便刚刚接触这门课程的同学都能做到及格，拿出贴近客户要求的方案。相比有多年工作经验的朋友，提案时大家的思路、想法，大同小异。

最终，成片的差异还是在落地执行这块。

21.4　课程小结

"客户"是尽心竭力的，把企业重点都提出来了。

"接活儿"的个别项目组有点应付，不够重视，还说什么"不接这个活儿"。玩笑归玩笑，但在做项目时，咱们还是要提醒自己变得专业、专注……

如果大家从事这个行业，面临最多的就是这类项目。参考片做得大气，表现形式比较典型，就是较高水准的宣传片，是值得详细分析的一部片子。

课程未来扩展

这个环节可单独扩展为 16 课时的课程，以提交样片作为提案的评选标准。"客户"与"制作公司"的角色要有交叉，这样各组同学都可以得到练习。

21.5 作业点评

把昨天的作业，大家拍的片段跟大家说一下。

1. 一组

一组拍摄的片段，已经"有模有样"，能把这个事儿呈现出来，还是挺稳的。

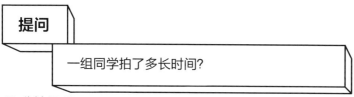

提问

一组同学拍了多长时间？

40 分钟是吧。

这段完成得还可以。

2. 三组

演员（张总）入戏了，动作自然，状态认真。

同学们，三组做得挺好的，镜头、机位、构图都是精心安排的，把老师讲的东西学以致用。

先通过脚步营造一种神秘感，然后进门；没有选择一般的平视，而是俯拍，很有画面感。

专门找了一间办公室作为场景，还做了一份合同，画家（演员）认真看书，旁边有烟灰缸，就是背景有点乱。

演员进来后，为合约的事两个人亲切交谈。

演员表演有细节：把袋子打开，合同仔细看。一页、两页，签字，再确认一下。

画面拍得很稳，这是一组同学要学习的。一组的画面不能那么拍，都太晃了，你看人家拍得多稳。三组完成得不错。

3. 五组

五组的大作业文件夹命名，就是不按标准来，就玩个性。

享受美味的感觉出来了，短片不解释有点让人看不懂。

第22讲 故事冲突不足的解决方案

短视频由于时间短，所以更需要激烈的冲突。

笔者以一个让时间回到过去的故事为例，对原剧本中创造的几个情节点反复运用，并进行扩展，使冲突不断重复并得到加强。

为了避免情节出现得太突然，逻辑不通，先设计出人物做这件事的动机和潜在的心理活动，调整了原故事没有反派角色、故事线单一等造成故事冲突不足的因素。

重复，是一个较难理解的知识点，整个课程没讲"重复事件"这个知识点，但这组同学还是做出来了。经笔者调整后，让人物的"成功"之路变得曲折。

基于这些点的调整，加强了短视频的故事张力，强化了冲突。

22.1 被动型故事调整

剧情简介

主人公与校外的人产生了矛盾，对方找上门教训……刚刚认识的一位朋友出手相助，解决"危机"……

二组剧本

看到剧本中更新了人物对话，部分台词加得还可以。

"发信息"的情节，**要表现出一种大家互相传阅，引发关注的态势。**

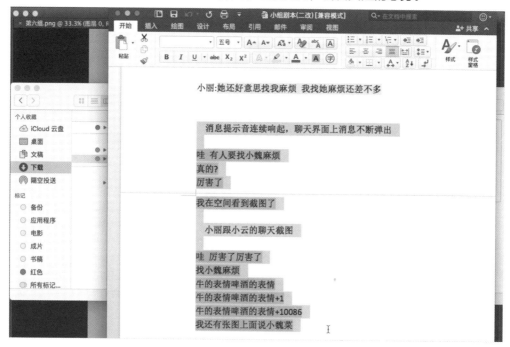

刚刚是线上的状态；线下人物的状态很紧张，交头接耳……把这种效果拍出来。

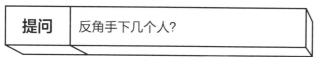
提问　反角手下几个人？

两个人是吧。

提问　怎么让崇拜者找上门？

看主人公的游戏截屏定位。

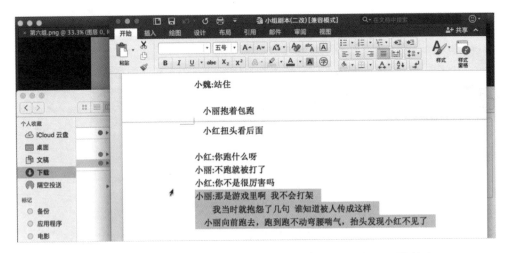

这里表演的时候，要说得特别着急，表现出承认错误、彻底反省的状态。

"你跟紧我，别乱跑，这要是撞上……"，**这些台词，要精简，要口语化。**

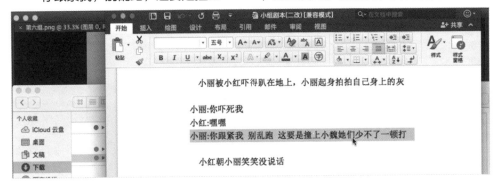

"……少不了一顿打"。

"一顿打"通常是要打人那一方说的话。

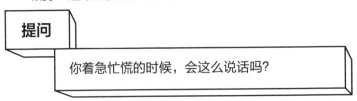

可改为"少不了挨打"。

例如："跟上，不走那边……"基本上口语化的东西都是半句话，不要刻意为了把整句话的意思说全而一字一句地逐一表述。

22.2　主要人物要给镜头

对于反面角色，也要多给镜头，剧本中反面角色的出场太少。

有人当众挑战她的权威，必然要给她生气发火的反应："谁啊这是？""这么嚣张？"诸如此类的台词设计。

然后一旁帮腔的人马上说："这种人肯定是初来乍到，四六不懂，要让她长点记性"。

要有这样的对峙，**两边要有"拱火"的人，压力、冲突不断加强**。

一边说"没事没事，这种事，我见多了"；另一边是找人"办他"，打电话叫人：反派有一个聚集的过程。

剧本要再丰富一下，众人从不同的场景赶过来，预示事态严重了。

提问	你朋友中有没有玩音乐的？

在他那边取个景：某人打架子鼓，反角来电话了……要他马上过去，他立马动身。

提问	怎么表现反面角色影响力大啊？

再加一个跑步的人，跑步途中接到电话……就是需要有一个多人从不同场景集合的画面。这样一来，健身的人、玩音乐的人都有了，把反面角色这一方人多力量大的优势表现出来，这点很重要。

还要给反面角色想一个名字。

剧本中小慧这个名字不好，显得比较文静。

可以改一下，比如说：魏姐……

22.3　分析《无限循环》

接下来，再把六组的剧本讲一下。

六组的剧本写得有点意思，里面有一个"重复事件"的设计。课程虽然没讲"重复事件"这个知识点，但她们还是做出来了。

剧情简介

> 　　主人公获得一块可以改变时空的表。神秘人物要求她第二天中午 12 点必须归还。主人公用表的"超能力"回到了朋友出意外的当天，救了他；隐藏在背后的反角出现，导致她没有按约定还表，结果她在无限的时间循环中周而复始地救人⋯⋯

22.3.1　格式问题

剧本第一个问题就是格式太乱，明显不太规范。

注意剧本中有的是顶格，有的需要段前留空。这些问题老师讲了多少遍了⋯⋯接下来，对格式方面问题的调整不再重复。

22.3.2　重要情节

剧本中，一位神秘人物给了主人公一块表，说："姑娘，记住物极必反"，然后神秘人物就不再出现了。

主人公在图书馆拨动表针，发现时间被改变。

她回到宿舍，想用这块表回到过去，去救朋友（小黄）。

提问

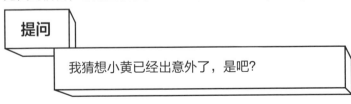

　　我猜想小黄已经出意外了，是吧？

是的。

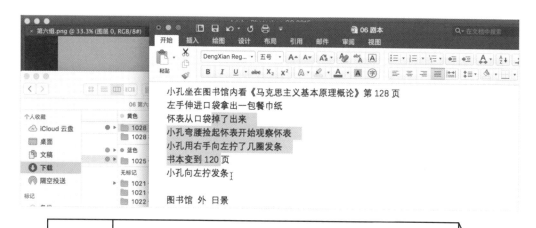

提问	怎么出意外的呢？

剧本中的设计：他被三个醉酒的人捅了一刀。

主人公开始调表的时间……回到了事发前跟小黄散步的时候，说我们打车走吧！

提问	避开了醉酒的人，帮朋友逃过一劫，故事结束了，是不是？

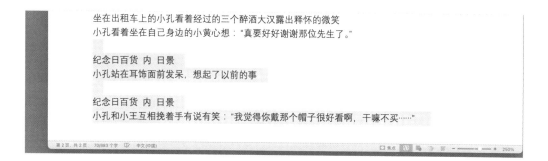

22.3.3 故事线单一

剧本中创造了一个时间回到过去的基本过程。

　　需要调整的点比较多，因为这样的片子，并不好写、好拍，需要补充大量的细节。昨天看的时候，老师整理出一个新版本，大家先注意看剧本格式，切记要规范。

原剧本中图书馆的场景放到了剧本的开篇。

角色（小黄）去世，主人公与他关系的介绍出现太晚，要在开篇就进行铺垫，表现主人公想念某人，例如：用手摸照片上朋友脸的位置……

背景资料，人物关系的设计：俩人是发小，从小学到大学都在同一所学校，感情很深。

在原剧本中，"主人公被车撞了一下"，这个情节之后就没有再用。**在新结构中，它被反复运用，并进行了扩展。**

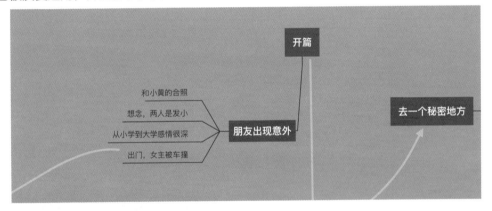

女主被车撞了，人没事，就是裤子被划个大口子。

潜台词的设计：真是太倒霉了，最近又是朋友出意外，又是出门被车撞。

因为原剧本中，女主接受了神秘人物的表，而且这块表有改变时空的能力。这个情节出现得太突然，逻辑不通。**要设计出人物做这件事的动机和潜在的心理活动。**

主人公如何与神秘人物遇见，也要做出合理的设计。不能说她走到路边，人家看到她说："请留步，送块表给你吧……"

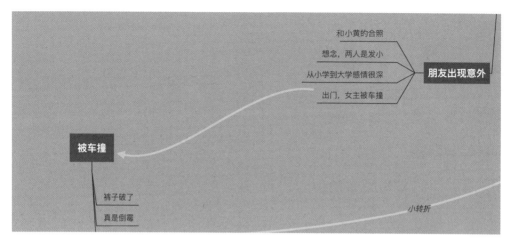

既然这块表是一个重要的道具，并且功能强大，获得它必然要颇费周折。表的主人所在的地方，也要是一个隐蔽、神秘的地方。

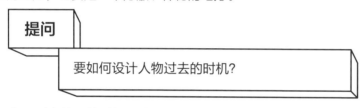

在原剧本结尾的时候，有这样的描述"百货商场，发呆想以前的事……"就让主人公从这场戏后过去。

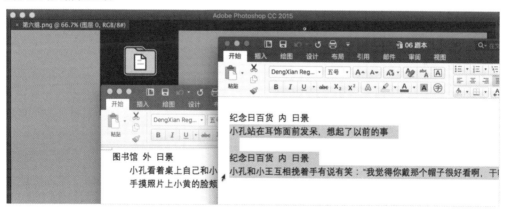

老师把这场戏从后面调到前面了：主人公和闺蜜（小土）手挽着手。

纪念日百货　内　日景
　　　　小孔和小王互相挽着手有说有笑
小王："我觉得你戴那个帽子很好看啊，干嘛不买……"

小孔：你晚上有课没有
　　　没有的话，陪我去个地方

坡子街　外　晚景
　　神秘人物戴着黑色眼镜坐在矮板凳上
　　神秘人物面前有一张矮板凳

66.67%　　　文档:26.7M/2

22.3.4　没有反派角色

反派（闺蜜：小王）这个角色也要尽快引入剧情中。整个故事没有一个反派角色，也是导致故事线单一，故事冲突不足的重要原因。

主人公问她："晚上你有课没有？没有的话，陪我去个地方，我一个人不敢去……"

在故事高潮没有到来之前，反派一直是主人公认可的好闺蜜。心里话都跟她倾诉。她们见到了传说中的那位神秘人物。

神秘人物给了她一块怀表，同时也给她一些警告：第二天中午 12 点之前必须归还，12 小时内只能使用三次。**使用者如果没有按时归还：会在时间的循环之中，再也出不来。**

这是警告，也是规则。

女主和神秘人物契约达成。

女主拿表做了第一次测试：将时间调到早晨出门的时间。

主人公眼前出现幻象：早晨，在她被车撞到的那个瞬间，车过来时，她往旁边跳了一下，车从旁边过去了。

幻象消失，她低头看裤子上划破的洞，没有了。

她的闺蜜一直拉她的衣角，示意赶紧离开，小声说："这些都是骗人的，你还信这个……"

主人公沉默不语。

当神秘人物把表给了主人公之后，她调了表的时间，回到过去，躲避了车祸。早晨裤子划破了，但现在裤子上的洞没有了。**这个变化主人公的闺蜜不知道。**

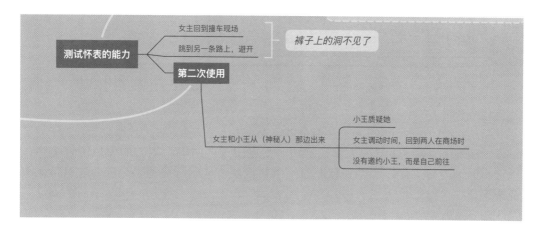

22.3.5　超能力运用

老师把原剧本中的"车祸"情节第二次使用上了。

提问

> 主人公看到裤子现在没有破，证明这个表具有改变未来的能力，对不对？

两人走出门口的时候。

闺蜜劝她："他的离开对你打击很大，但不能总活在过去……"

女主把时间调到她们逛商场的时候。

小王问他："你刚说一会要去哪儿？"

女主说："没事，没事了，咱们回宿舍吧。"

然后，她自己独自去找神秘人物……拿到了表。相当于，她间接抹掉了闺蜜的记忆，让未来"结伴陪同"的事件没有发生。

因为她心中的这个秘密不想告诉别人。

这是女主的一个小计谋，同时她第二次测试了表的功能。

接着她开始第三次调表的时间。

| 提问 | 大家还记得她为什么回到过去吗？她想改变什么？ |

她要拯救朋友，在原剧本中的"拯救"事件，主人公是第一次即成功。

在此调整了一下，使成功变得曲折。

调动表针……时间跳转到发生意外的当天，主人公来到朋友的出事地点，由于慢了一步，朋友（小黄）还是被人捅伤了……女主出现的时间，双方的争执已经发生，她没有时间改变这件事。她只有把时间跳转到朋友遇到醉酒的人之前，才有可能改变未来。

这次她失败了。

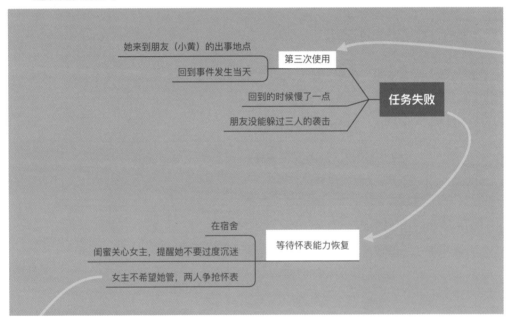

她马上又调动表针，无效。

这块表在 12 小时内已经使用三次，现在不能再发挥作用了。

她回到住的地方，一夜未眠，她要等天亮后，再一次使用它。

22.3.6　产生冲突

闺蜜天没亮就起来了，看到女主没有睡觉，坐在客厅盯着表的指针，就走过来安慰她，劝她不要沉迷于过去，问这块表的来历，还要拿过来看。女主不让她碰，两人有了争吵：

闺蜜很委屈，她是关心主人公；主人公也很委屈，自己的事情不希望别人来管。

昨天晚上发生的事情，闺蜜并不知情，而且她陪同主人公去找神秘人物的事情，对她来说并没有发生。所以，她要极力地阻止主人继续沉迷下去，要抢过手表。

天马上亮了，表的神奇功能马上就要恢复，主人公当然不希望前功尽弃，两人都在抢这块表。主人公抓住了表，指针变动，调好时间准备跳到跟朋友（小黄）吃完饭的时间。闺蜜的动作干扰了表时间的调整，最终时刻她的手调整了表的时间……

然后，两人来到了闺蜜的"时间轴"。

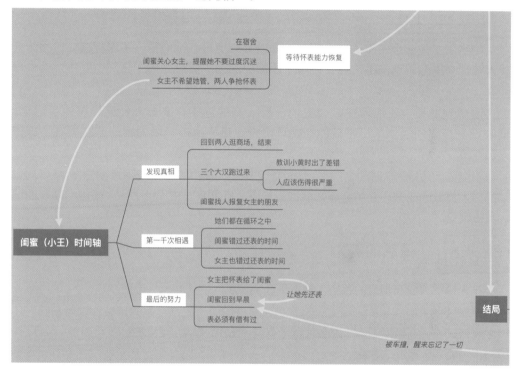

22.3.7　揭示真相

三个男人（醉酒的人）跑过来了……

对闺蜜（小王）说："刚才下手重了，出事了。"

女主认识他们三个人，就是他们扎伤了自己的朋友。

真相大白。

| 提问 | 主人公的朋友为什么受伤？ |

因为他得罪了小王。

两人之间有矛盾，小王找了三个人想要教训他，结果下手太重……

"原来是你在背后捣鬼"主人公恍然大悟。

| 提问 | 到这个时候怎么办？ |

闺蜜跟主人公坦白了一切，**现在这个时间节点是：她们第一千次相遇**。因为闺蜜找人教训女主的朋友失手之后，就借了表想要回到"安排此事"之前，好终止这件事的发生。

没想到的是，在她陪主人公去找神秘人物的途中，被主人公意外抹掉了记忆，使她没有按时还表，所以她被困在循环之中，走不出去。因为她的"时间轴"被主人公改变了。

直至又回到她的"时间轴"中，两人交流，补充了她失去的记忆，才明白发生了什么。她们俩人都被困在循环之中，因为谁也不知道，接下来发生了什么事，使她们现在的记忆发生改变。

22.3.8　最后的努力

主人公把表放在闺蜜的手中，让她现在用表跳回到"叫人"之前。

闺蜜的还表时间是昨天早上，也就是说最好的办法就是：她先用表，调时间回到还表之前，按时还表，然后再借。表必须有借有过，借表的事实已经发生，不可改变，不可"抹掉"，不能"未被发生"。

即便让闺蜜用表跳回到"叫人"之前，但因为没有还表的记录，她还会在循环之中。

两人约定，先让闺蜜还表，因为主人公的还表时间是今天中午 12 点之前，看似还有时间。闺蜜用表回到昨天早上，接到女主的电话，说是晚上要陪她去一个地方……

一切都是按照已知的时间线发展，但走到街道的拐角，她没有注意身后的自行车，被撞倒在地。这是之前撞女主的那辆车，因为被女主躲过，**自行车原本的时间线被快进**，撞了女主的闺蜜。

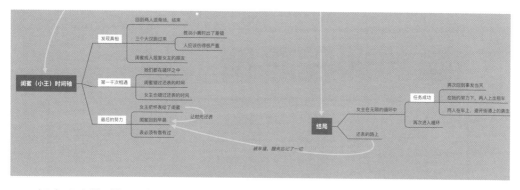

闺蜜醒来的时候，失去记忆了，她记不起自己是谁，也不知道去还表了……

神秘人物来了，把那块表捡起来，摇摇头走了。

22.4　故事总结

这是老师对你们写的剧本的一些调整。

开篇"隐藏"了一个竞争对手，即反面角色。

把你们创造的几个情节点反复运用。第一个情节点是：两个人在商场买耳环的时候，"觉得你的帽子很好看……"这个商场是两人反复集合的场景。

第二个情节点是：撞人的自行车，反复用了三次。

- 主人公被车撞了一下。
- 主人公避开自行车。
- 闺蜜被车撞了一下。

老师把这个故事结构发到群里。你们把这个故事拍好。

| 提问 | 精神恍惚怎么拍? |

闭上眼睛，找一下这种感觉……

镜头晃一点，你们之前作业的拍摄手法挺适合这片子的。上次你们展示的视频中，手持拍摄，并在拍摄过程中推近、拉远的那种画面感觉。

附录　课程总结

　　经过两周高强度的学习和拍摄，每个人都很疲惫，但没有人掉队，没有人放弃，都坚持到了最后阶段，这一点也让笔者感觉难能可贵，因为在以往的课程中，等量的知识点和工作量要在四周之内完成。

　　或许，这就是编导创作课本身的魅力，激发兴趣能让人全身心地投入。这种创作的感觉并不多见，所以特别珍贵。

优秀组长

　　各组以《组长》这个主题进行创作。

　　要求：故事性强，有幽默感，有创意，表演形式自然。

　　这是最后一天的课程。

　　跟大家相处的这段日子，感觉时间过得飞快。我们一同进行了创作，一起编故事，一起拍作品。有些同学的名字，老师也逐渐能叫得出来了，只能感叹时间短暂。

在课程结束的时候，老师会发一些动态，会送给同学们一些祝福：**我觉得结束是为了更好的开始。**

今天有几个环节，第一个环节是：感谢。

老师要感谢组长，同学们也把以《组长》为主题的故事编排出来了。

我们会评出一个优秀组长来，老师送他一个小礼物，礼物很轻，希望他能喜欢。

那会是谁呢？

期待同学们的精彩表现。

作业评分

第二个环节，我们会对视频作业进行一个评分。老师会把它作为参考，纳入对各位同学在这两周学习这门课的最终得分中：**视频作业的得分，会占较大的一个权重。**

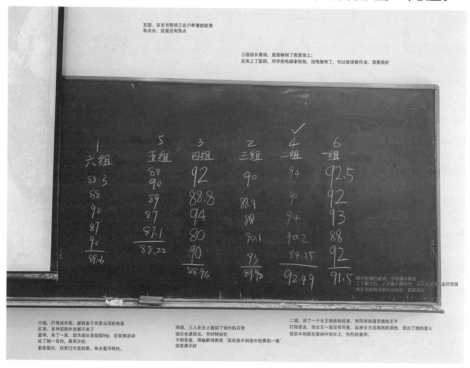

对大家视频作业的评分，为了尽可能客观，有了这次评分环节。

在开课的时候，老师请几位同学拍了一些照片，给老师提供了珍贵的课堂资料，我们也以此为基础进行了构图分析。

老师会把单反相机的实用技巧给大家讲一下，希望未来对同学们的拍摄方面有所帮助。

最后一个环节就是大家一起（每个组）合影留念，老师会想你们的！

下面是各组成员表，书中所引用的部分片例和视频作业都是他们创作的，感谢同学们的辛苦付出！

2019-2 学期数媒班	2019-2020 学年第一学期
一组 陈继康　何昕宇　陈昱伯　何为杰 张弛　宋谦意	**一组** 顾星宇　姜雯　娄雨珠　詹圆圆　张皖秋 周琬云
二组 王文轩　王莹　李雯　王玲珑　韩依漪	**二组** 梁靖翎　余梦洋　王晨阳　徐源泽 孙甜甜　刘佳佳
四组 张捷　张梓洋　朱亦枫　朱浩楠　程浩燃	**三组** 罗源成　章亚涛　赵振阳　徐金贝
六组 黄怡　刘玉倩　顾珍　何盈盈　吴烨	**四组** 曹立彦　李泽南　孙奕昂　薛由　钱展鹏
八组 朱祎玮　朱志伟　王逸舟　毛建 周文涛　余航	**五组** 徐若然　吴雨萱　许碧琼　钱行
九组 唐嘉婧　苏钰雅　华安琪　王雯巧 吴云微	**六组** 李楠　黄千相　丁思慧　王玮璇　孔欣谊 姚湘